AVIVA a Tua OBRA

Advertências para a Igreja
nos tempos do fim

Charles Spurgeon

© 2012 Editora dos Clássicos
Publicado no Brasil com a devida autorização
e todos os direitos reservados por Publicações Pão Diário
em coedição com Editora dos Clássicos.

Organizador da obra: Gerson Lima
Tradução: Valéria Lamim Delgado Fernandes
Revisão: Dalila de Assis, João Guimarães e Francisco Nunes
Revisão final: Paulo César de Oliveira
Coordenação editorial: Gerson Lima
Projeto Gráfico: Audrey Novac Ribeiro
Diagramação: Rebeka Werner

Dados Internacionais de Catalogação na Publicação (CIP)

SPURGEON, Charles Haddon, 1834–92.
Aviva a Tua obra, Charles Haddon Spurgeon.
Tradução: Valéria Lamim Delgado Fernandes
Curitiba/PR, Publicações Pão Diário e São Paulo/SP, Editora dos Clássicos.

1. Teologia prática   2. Religião prática   3. Vida cristã

Proibida a reprodução total ou parcial, sem prévia autorização, por escrito, da editora.
Todos os direitos reservados e protegidos pela Lei 9.610, de 19/02/1998.
Permissão para reprodução: permissao@paodiario.com

Exceto quando indicado o contrário, os trechos bíblicos mencionados são da edição Revista e Atualizada de João F. de Almeida © 2009 Sociedade Bíblica do Brasil.

Publicações Pão Diário
Caixa Postal 4190,
82501-970 Curitiba/PR, Brasil
publicacoes@paodiario.org
www.publicacoespaodiario.com.br
Telefone: (41) 3257-4028

Editora dos Clássicos
www.editoradosclassicos.com.br
contato@editoradosclassicos.com.br
Telefones: (19) 3217-7089
(19) 3389-1368

Código: J7862
ISBN: 978-1-68043-680-8

1.ª edição: 2019
3.ª impressão: 2021

Impresso no Brasil

SUMÁRIO

Prefácio 7

1. Uma séria advertência sobre a mornidão 11

2. Uma advertência aos presunçosos 39

3. Perseverança na santidade 69

4. A vigilância que o ministro deve ter de si mesmo 97

5. A despedida do ministro 129

A Vida e o Legado de Spurgeon 155

PREFÁCIO

CHARLES SPURGEON, reconhecido como o Príncipe dos Pregadores do século 19, impactou não apenas a Inglaterra e toda a Grã-Bretanha, mas também as muitas partes do mundo onde seus sermões chegavam de forma impressa. Sua sabedoria e oratória, sua inspiração em escrever seus sermões tão precisos, penetrantes e ricos como eram suas pregações, sua eloquência e poder no púlpito e sua unção evangelística fizeram dele o homem da boca de ouro entre os ministros da Palavra na história da Igreja. Estima-se que ele tenha pregado pessoalmente a quase dez milhões de pessoas.

A unção extraordinária concedida por Deus a Spurgeon foi tamanha que ainda hoje seu ministério continua a exercer enorme influência entre os cristãos e lideranças ao redor do mundo. Como ressaltou um dos seus biógrafos, o respeitado Steven Lawson[1]:

> Ele foi autor de 135 livros, editor de mais vinte e oito, e escreveu inúmeros panfletos, folhetos e artigos. Esse corpo de trabalho não tem precedentes como projeto de publicação por parte de um único autor na história do cristianismo. Com mais de três mil e oitocentas mensagens impressas, seus sermões compõem a maior coleção encadernada de escritos por um homem na língua inglesa. São coligidos em sessenta e três volumes, contendo cerca de vinte e cinco milhões de palavras.

---

[1] LAWSON, Steven. O foco evangélico de Charles Spurgeon. 1. ed. São José dos Campos: Fiel, 2012.

Segundo Lawson, "o ano de 1859 foi o mais extraordinário do ministério de Spurgeon". Este foi o último ano em que ele e a igreja que liderava se reuniram no Surrey Music Hall. Spurgeon tomou conhecimento de que a igreja teria de compartilhar o local com programas de diversão aos domingos, e para ele isso seria como violar o *Shabbat* na Lei. Como os proprietários do Music Hall não mudaram de opinião, então ele protestou: "Se eu cedesse, meu nome deixaria de ser Spurgeon. Não posso ceder naquilo que sei ser o certo, e não o farei. Na defesa do santo sábado do Senhor, o grito deste dia é: 'Levantemo-nos e saiamos daqui!'".

Spurgeon mudou sua congregação de volta ao Exeter Hall, que tinha um espaço bem menor, demonstrando sua seriedade com Deus. Em 11 de dezembro de 1859, ele pregou seu último sermão no Music Hall, "A Despedida do Ministro", baseado na despedida de Paulo de Éfeso, em Atos 20:26,27, e advertiu seus ouvintes de que, como Paulo, havia anunciado naquele lugar "todo o desígnio de Deus".

Embora com Spurgeon tenha irrompido um avivamento pela pregação do evangelho, lamentavelmente ele presenciou o sutil surgimento de esfriamento e apostasia espiritual e se viu obrigado a pregar o evangelho aos cristãos, advertindo-os contra o abandono da fé. Como um atalaia, ele bradava com fortes advertências contra o liberalismo teológico, a libertinagem moral e o surgimento de falsos obreiros.

Entretanto, Paulo ressaltou, pelo Espírito Santo, que viria "o tempo em que não suportarão a sã doutrina; pelo contrário, se rodearão de mestres segundo as suas próprias cobiças, como que sentindo coceira nos ouvidos. Eles se recusarão a dar ouvidos à verdade, entregando-se às fábulas" (2 Timóteo 4:3,4). Muitos já não ouviam de bom grado suas advertências.

Spurgeon se retirou da União Batista em 26 de outubro de 1887. "Na reunião anual da União Batista de 1888, foi acatada uma proposta de censura a Spurgeon. Em triste guinada da história, ela foi apoiada por seu irmão James, seu copastor no Tabernáculo, que acreditava, erradamente, que a proposta pedia a reconciliação. Essa controvérsia o entristeceu de tal modo que contribuiu para sua morte prematura apenas quatro anos mais tarde." Ele dormiu no Senhor com apenas 57 anos de idade.

As mensagens que compõem esta obra e representam o ministério de Spurgeon como um profeta inflamado de zelo pela casa do Deus santo são: Uma séria advertência contra a mornidão, Uma advertência aos presunçosos, Perseverança na santidade, A vigilância que o ministro deve ter de si mesmo e A despedida do ministro. Nelas, ele convoca Seu povo ao arrependimento e ao retorno à santidade, à consagração, ao fervor espiritual e a se preparar como virgem pura para o encontro com o Noivo. Sua severidade contra a iniquidade no ministério revela sua autoridade e firmeza contra a degradação dos púlpitos e o falso evangelho.

Para nós, fica evidente que o clamor de Spurgeon a Deus era "Aviva a Tua Obra", e as advertências desse profeta são extremamente necessárias para os nossos dias.

Que Deus nos conceda o milagre de ouvir Seu Espírito enquanto lemos estas páginas e nos ganhe completamente para Si.

Aviva a Tua obra, Senhor!

Gerson Lima
Organizador da obra
Monte Mor, SP, 27/02/2019

1

UMA SÉRIA ADVERTÊNCIA SOBRE A MORNIDÃO[1]

Ao anjo da igreja que está em Laodiceia escreve: Isto diz o Amém, a testemunha fiel e verdadeira, o princípio da criação de Deus: Conheço as tuas obras, que nem és frio nem quente; quem dera foras frio ou quente! Assim, porque és morno, e não és frio nem quente, vomitar-te-ei da minha boca. Como dizes: Rico sou, e estou enriquecido, e de nada tenho falta; e não sabes que és um desgraçado, e miserável, e pobre, e cego, e nu; aconselho-te que de mim compres ouro provado no fogo, para que te enriqueças; e roupas brancas, para que te vistas, e não apareça a vergonha da tua nudez; e que unjas os teus olhos com colírio, para que vejas. Eu repreendo e castigo a todos quantos amo; sê pois zeloso, e arrepende-te. Eis que estou à porta, e bato; se alguém ouvir a minha voz, e abrir a porta, entrarei em sua casa, e com ele cearei, e ele comigo. Ao que vencer lhe concederei que se assente comigo no meu trono; assim como eu venci, me assentei com meu Pai no seu trono (APOCALIPSE 3:14-21).

Nenhuma passagem bíblica jamais sofreu desgaste. A epístola à igreja em Laodiceia não é uma velha carta que pode ser lançada ao cesto de lixo e esquecida; de suas páginas, ainda fulguram as palavras: "Quem tem ouvidos, ouça o que o Espírito diz às igrejas". Essa passagem bíblica não tinha o intuito de instruir apenas aos laodicenses, mas abarcava um objetivo mais amplo. A verdadeira igreja em Laodiceia se foi, mas ainda existem outras Laodiceias — na realidade, para nossa tristeza, elas se multiplicaram em nossos dias; contudo, sempre foi a tendência da natureza humana, por mais inflamada que estivesse do amor de Deus, aos poucos esfriar-se até chegar à mornidão. A carta aos laodicenses é, acima de todas as outras, a epístola para o tempo presente.

Penso que a igreja em Laodiceia estava outrora em uma condição bastante fervorosa e saudável. Paulo escreveu uma carta dirigida a ela (COLOSSENSES 4:16) que não reivindicava inspiração e, consequentemente, sua falta não deixa as Escrituras incompletas, pois Paulo pode também ter escrito outras inúmeras cartas [que também não entraram no cânon do Novo Testamento]. Paulo menciona a igreja em Laodiceia em sua carta à igreja em Colossos (vv.13,15; 2:1); ele, portanto, a conhecia bem e, uma vez que não expressa uma palavra de repreensão com relação a ela, podemos deduzir que a igreja, na época, estava em estado saudável. No decorrer do tempo, ela se degenerou e, ao perder seu primeiro ardor, tornou-se negligente, relaxada e indiferente.

---

[1]Um sermão na íntegra e inédito proferido na manhã de domingo, 26 de julho de 1874, no Metropolitan Tabernacle, Newington.

Talvez seus melhores homens tivessem morrido, talvez sua opulência a atraíra para o mundanismo; é possível que sua condição de estar livre da perseguição tivesse produzido o bem-estar carnal, ou a negligência com a oração tenha feito com que ela pouco a pouco caísse da fé; entretanto, em todo caso, ela decaiu até ficar nem fria nem quente.

Para que jamais cheguemos a esse estado, e para que não estejamos nesse estado agora, oro para que minhas palavras alcancem com poder o coração de todos os presentes, mas, principalmente, a consciência dos membros de minha própria igreja. Que Deus permita que isso sirva para despertar a todos nós.

O ESTADO DAS IGREJAS

Meu primeiro ponto será: o estado em que as igrejas tendem muito a cair. *Uma igreja pode cair numa condição muito além daquela pela qual tem sua reputação.* Pode tornar-se conhecida por seu zelo e, não obstante, ser letárgica.

As palavras de nosso Senhor começam da seguinte forma: "Conheço as tuas obras", como se dissesse: "Ninguém a conhece. Os homens pensam melhor de você do que você merece. Você não conhece a si mesma; pensa que suas obras são maravilhosas; mas sei que elas são bem diferentes disso".

Jesus observa com olhar perspicaz todas as obras de Sua Igreja. O público apenas pode ouvir testemunhos, mas Jesus vê por Si mesmo. Ele sabe o que é feito, como é feito e por que todas as coisas são feitas. Ele julga uma igreja não meramente por suas atividades externas, mas por sua piedade interna; Cristo sonda o coração e examina as entranhas dos filhos dos homens. Ele não se deixa enganar pelo resplendor; prova todas as coisas e dá valor apenas àquele ouro que resistirá ao fogo.

Nossa opinião e a de Cristo a nosso respeito podem ser bastante diferentes — o que é algo muito triste quando acontece. Será lamentável, de fato, se nos sobressairmos como uma igreja notável por sua seriedade, e distinta por seu êxito, e, contudo, não formos realmente fervorosos no espírito ou ansiosos por ganhar almas.

A falta de energia vital onde parece haver o emprego de uma força maior, uma falta do verdadeiro amor por Jesus onde parece haver a maior devoção a Ele são tristes sinais de uma terrível degeneração. As igrejas tendem muito a colocar as melhores obras à vista, tendem a fazer um belo espetáculo carnal e, como homens do mundo, tentam criar uma imagem perfeita sobre um estado bastante miserável.

As grandes celebridades muitas vezes não têm outra coisa senão princípios escassos, e aqueles que amam a verdade lamentam que seja assim. Não apenas aplica-se às igrejas, mas a cada um de nós como indivíduos, que muitas vezes nossa reputação precede nossas situações de solidão.

Os homens frequentemente vivem de sua antiga reputação e comercializam confiados em seu antigo caráter, como ainda tendo um nome a zelar, embora, na realidade, estejam mortos. Sermos difamados é uma terrível aflição, mas é, sobretudo, um infortúnio menor do que sermos considerados melhores do que somos; no primeiro caso, temos uma promessa que nos serve de consolo; no segundo, corremos o risco da presunção. Falo para homens sábios. Julguem vocês o quanto isso pode aplicar-se a nós.

INDIFERENÇA E NEGLIGÊNCIA

A *condição descrita em nosso texto é, secundariamente, uma das deploráveis indiferenças e negligências.* Eles não eram frios, mas também não eram quentes; não eram infiéis, mas também não eram cristãos sérios; não se opunham ao evangelho, mas não o defendiam; não estavam cometendo injúrias, contudo não estavam fazendo nenhum bem maior; não eram mal afamados em termos de caráter moral, mas também não se distinguiam por sua santidade; não eram descrentes, mas não eram entusiasmados na devoção nem notáveis no zelo – eram o que o mundo chama de "moderados"; pertenciam ao grupo da Igreja Liberal; não eram fanáticos nem puritanos; eram prudentes e evitavam o fanatismo, respeitáveis e avessos ao entusiasmo.

Boas coisas eram preservadas entre eles; no entanto, eles não colocavam muitas delas em prática; tinham reuniões de oração, mas poucos se faziam presentes, pois preferiam as noites tranquilas em casa: mesmo quando um grande número participava das reuniões, ele ainda era mórbido, pois fazia suas orações de forma bastante deliberada e tinha receio de ficar demasiadamente entusiasmado. Contentavam-se em fazer todas as coisas com decência e ordem, mas consideravam o vigor e o zelo como coisas vulgares.

Essas igrejas têm escolas, classes bíblicas, salas para pregações e todos os tipos de atividades; entretanto, podem muito bem ficar sem essas coisas, pois nenhuma energia é manifestada e nenhum bem procede delas.

Têm diáconos e presbíteros que são excelentes pilares da igreja, se a principal qualidade dos pilares for permanecer imóvel e não exibir moção ou emoção. Possuem ministros que podem ser o anjo das igrejas, mas, se assim for, eles têm suas asas bem cortadas, pois não voam grandes distâncias na pregação do evangelho eterno, e certamente não são chamas de fogo: talvez estejam emitindo as luzes da eloquência, mas certamente não estão queimando as chamas da graça, que incendeiam o coração humano.

Nessas comunidades, tudo é feito de forma indiferente, desatenta e morna, como se não importasse muito se as coisas foram feitas ou não.

É de causar arrepios ver quão lento é o modo como elas se movem — gostaria de ter uma faca para cortar suas formalidades em pedaços e um chicote para açoitar seus ombros a fim de fazer com que se movam com rapidez.

As coisas são respeitavelmente realizadas, as famílias abastadas não são ofendidas, o grupo de céticos é conciliado e as pessoas boas não são muito alienadas — as coisas são agradáveis por todo lado. As coisas certas são feitas, mas uma igreja laodicense não tem a menor ideia do que significa fazê-las com todo o seu poder, alma e força.

Não são tão frias para abandonar sua obra, ou abrir mão de suas reuniões de oração, ou rejeitar o evangelho; se fossem, então poderiam se convencer de seu erro e vir ao arrependimento; mas, por outro lado, não são apaixonadas pela verdade, nem por conversões, nem pela santidade; não são quentes o bastante para queimar os restos do pecado, nem zelosas o suficiente para deixar Satanás furioso, nem fervorosas o suficiente para fazer de si mesmas um sacrifício vivo sobre o altar de seu Deus. Não são "frias nem quentes".

Esse é um terrível estado, pois se trata de um estado que, em uma igreja que desfruta de uma boa reputação, acaba por tornar essa reputação em uma mentira. Enquanto outras igrejas dizem: "Veja como eles prosperam! Veja o que eles fazem por Deus!", Jesus vê que a igreja está realizando Sua obra de forma relaxada e fictícia e considera justamente que ela está enganando seus amigos.

Se o mundo reconhece esse povo como uma igreja puritana nos velhos moldes e bem distinta, e, contudo, há um viver de pecado entre eles, um caminhar negligente e uma falta de piedade, oração, generosidade e zelo reais, então o próprio mundo é enganado, e ainda da pior maneira, porque é levado a julgar falsamente no que diz respeito à fé cristã, pois deposita todas essas falhas nas costas da religião e clama: "Tudo não passa de uma farsa! É puro fingimento! Todos os cristãos são hipócritas!".

Receio que haja igrejas dessa natureza. Deus permita-nos não estar entre elas!

Nesse estado da igreja, há muita autoglorificação, pois a igreja em Laodiceia disse: "Estou rico e abastado e não preciso de coisa alguma" (APOCALIPSE 3:17). Os membros dizem: "Tudo corre bem, o que mais queremos? Está tudo bem conosco". Isso faz com que essa condição seja incorrigível, pois reprovações e repreensões acontecem sem poder, porque a parte repreendida pode dizer: "Não merecemos suas repreensões; essas admoestações não se aplicam a nós". Se você subir ao púlpito e dirigir-se a igrejas adormecidas, como muitas vezes faço, e falar de maneira bem simples, elas muitas vezes são honestas em dizer: "Há uma grande parcela de verdade no que este homem disse". Mas, se falo a outra igreja, que de fato está meio adormecida, no entanto se considera um exemplo de diligência, então a repreensão desliza como o óleo por um pedaço de mármore e não surte nenhum resultado.

É menos provável que os homens se arrependam quando estão na passagem intermediária entre o quente e o frio do que se estivessem nos piores extremos do pecado. Se fossem como Saulo de Tarso, inimigos de Deus, eles poderiam se converter; mas, se, como Gamaliel, não são contrários nem favoráveis, provavelmente permanecerão como estão até à morte.

O evangelho converte um Lutero sinceramente supersticioso, mas Erasmo[2], com seu espírito instável, impertinente e cheio de leviandade, permanece indiferente. Há uma esperança maior na admoestação dos frios do que na dos mornos.

Quando chegam à condição de uma fé indiferente, tolerando o evangelho, mas tendo uma preferência pelo erro, as igrejas causam um prejuízo maior à sua época do que aqueles que são perfeitos hereges.

É mais difícil realizar a obra de Jesus com uma igreja que é morna do que seria começá-la sem a igreja. Ofereça-me uma dúzia de espíritos sérios e deixe-me em qualquer lugar de Londres, e, com o maravilhoso auxílio de Deus, logo faremos com que aquele lugar deserto e solitário tenha alegria; entretanto, dê-me todo o seu ser indiferente, indeciso e desinteressado — o que poderei fazer? Você apenas será um empecilho ao entusiasmo e seriedade de um homem. Todos os cinco mil membros mornos de uma igreja serão cinco mil empecilhos, mas

---

[2]Desiderius Erasmus (1469–1536), conhecido como Erasmo de Roterdã, foi um teólogo holandês nascido em Roterdã, famoso por defender ideias muito liberais para a Igreja de seu tempo e por não aceitar a Reforma de Martinho Lutero, de quem divergia sobre a questão do livre-arbítrio. Dentre suas obras, destacam-se *Adagia* (*Adágios*, 1500), notável coletânea de mais de 800 provérbios, *Enchiridion militis christiani* (*Manual do soldado cristão*, 1502), *Encomium moriae* (Elogio da loucura, 1509) e *De libero arbitrio* (*Sobre o livre-arbítrio*, 1524), que provocou a ruptura com Lutero.

uma dúzia de espíritos sérios e fervorosos, determinados a que Cristo seja glorificado e almas sejam ganhas, deve ser mais do que vencedor; em sua fraqueza e pequeno número serão encontradas capacidades para serem os mais largamente abençoados por Deus. Melhor é não ser nada do que ser morno.

Meu Deus! Esse estado de mornidão é tão característico da natureza humana que é difícil arrancar os homens dele. O frio faz-nos tremer e muito calor causa-nos dor, mas um banho morno é, por si, algo que conforta. Essa temperatura é adequada para a natureza humana. O mundo sempre está em paz com uma igreja morna, que, por sua vez, sempre está satisfeita consigo mesma.

Não devemos ser demasiado mundanos — não! Temos nossos limites! Há certos deleites dos quais, naturalmente, um cristão deve abrir mão, mas chegaremos bem perto do limite, pois por que haveríamos de ser miseráveis?

Não devemos ser tão gananciosos a ponto de ser chamados de avarentos, mas entregaremos o mínimo que nos é possível à causa de Deus. Não seremos totalmente ausentes da casa de Deus, porém nossa visita a ela será a mais rara possível. Não desampararemos totalmente os pobres que cabem a nós, mas também iremos à igreja mundana, para que sejamos aceitos em uma sociedade melhor e encontremos amigos à altura de nossos filhos. Como existe tal conceito por aí afora!

O descompromisso é a ordem do dia. Milhares tentam pôr os pés em duas canoas — querem agradar a Deus e ao diabo, a Cristo e a Belial, a verdade e ao engano — e, por isso, não são quentes nem frios.

Será que estou falando algo um tanto forte? Não tão forte quanto meu Mestre, pois Ele diz: "estou a ponto de vomitar-te da minha boca" (APOCALIPSE 3:16). Ele está enojado dessa conduta; ela Lhe causa nojo; Ele não a suportará.

Em um coração decidido, sincero e fervoroso, a náusea aparece quando nos deparamos com homens que têm a coragem de sustentar sua fé e, contudo, não vivem de acordo com ela; que não podem abandonar por completo a obra de Deus, mas a realizam de maneira morosa, menosprezando aquilo que deveria ser realizado da melhor forma para um Senhor tão bondoso e um Salvador tão gracioso.

Muitas igrejas caíram em um estado de indiferença, e, quando isso acontece, elas geralmente se tornam refúgio para mestres mundanos, refúgio para pessoas que desejam uma religião fácil que lhes permita desfrutar os prazeres do pecado e as virtudes da piedade ao mesmo tempo; onde as coisas são lícitas e fáceis, onde não se espera que se faça muito, ou se dê muito, ou se ore muito, ou se seja muito fervoroso; onde o ministro não é tão meticuloso como os antigos teólogos acadêmicos, sendo mais liberal, de ideias arejadas, com liberdade para pensar e agir, onde há plena tolerância ao pecado e nenhuma exigência de genuína piedade.

Essas igrejas aplaudem a inteligência de um pregador, sua doutrina, que é de pouca importância, e seu amor por Cristo e zelo pelas almas são coisas secundárias. Basta que seja um homem inteligente e consiga se expressar bem. Esse estilo de conduta é bastante comum; contudo, espera-se que fechemos a boca, pois as pessoas são muito respeitáveis. Que o Senhor permita que fiquemos afastados dessa respeitabilidade!

AUTOSSATISFAÇÃO

Já dissemos que *essa condição de indiferença está ligada ao perfeito contentamento consigo mesmo*. As pessoas que devem se lamentar estão se alegrando, e, nas coisas em que devem mostrar sinais de angústia, ostentam as bandeiras da vitória. "Somos ricos; estamos aumentando em número, ampliando nossas escolas e crescendo em todos os sentidos; não temos necessidade de nada. Não há o que uma igreja possa exigir que não tenhamos em abundância." Contudo, suas necessidades espirituais são imensas. Esta é uma triste condição na qual uma igreja pode se encontrar: espiritualmente pobre e orgulhosa.

Uma igreja clama a Deus porque se vê em um estado de decadência espiritual; uma igreja lamenta por suas imperfeições; uma igreja anseia e almeja fazer mais por Cristo; uma igreja se enche de fervor por Deus e, portanto, não se satisfaz com aquilo que tem sido capaz de fazer — essa é a igreja que receberá a bênção de Deus.

Entretanto, é bem provável que aquela que se considera um modelo para as outras esteja redondamente enganada e em uma terrível situação. Essa igreja, cujo apreço era tão alto, estava completamente arruinada aos olhos do Senhor. Não tinha a verdadeira alegria no Senhor; confundia sua alegria consigo mesma com isso. Não tinha a verdadeira beleza da santidade sobre si; ela confundia sua adoração formal, seu belo templo e seus louvores harmoniosos com isso. Não tinha o profundo conhecimento da verdade nem a riqueza da vital piedade; confundia a sabedoria carnal e a profissão exterior de fé com aquelas coisas preciosas. Era fraca na oração em secreto, que é a força de qualquer igreja; estava destituída da comunhão com Cristo, que é o sangue vital do cristianismo; no entanto, tinha a aparência externa dessas bênçãos e seguia numa vã exibição.

Há igrejas que são pobres como Lázaro com relação ao verdadeiro cristianismo e, não obstante, vestem-se de escarlate e de forma bastante refinada todos os dias sobre a mera aparência de piedade. A pobreza espiritual anda lado a lado com a vanglória. Contentamento com os bens terrenos enriquece os homens, mas o contentamento com a condição espiritual é o sintoma da pobreza.

O SENHOR É AFASTADO

Mais uma vez, essa igreja de Laodiceia chegou a *uma condição que afastara seu Senhor*. O texto fala-nos que Jesus disse: "Eis que estou à porta e bato" (APOCALIPSE 3:20). Essa não é a posição que nosso Senhor ocupa em referência a uma igreja verdadeiramente próspera.

Se estamos andando em retidão com Cristo, Ele está no meio da igreja, habitando nela e revelando-Se para Seu povo. Sua presença faz com que nossa adoração seja cheia de espiritualidade e vida; Ele se assenta com Seus servos à mesa e nela oferece um banquete com Seu corpo e Seu sangue; é Ele quem concede poder e vigor em todas as atividades de nossa igreja e faz com que as coisas do mundo desapareçam de nosso meio.

Os verdadeiros santos permanecem em Jesus, e Ele, neles. Quando o Senhor está em uma igreja, ela é bem-aventurada, santa, poderosa e triunfante. Entretanto, podemos entristecê-lo até Ele dizer: "Voltarei para meu lugar até que reconheçam suas transgressões e busquem minha face".

Você que conhece meu Senhor e recebe poder dele, implore para que Ele não se afaste de nós. Ele pode ver muitas coisas a nosso respeito como um povo que entristece Seu Santo Espírito, muitas coisas sobre qualquer um de nós que o levam a irar-se. Detenha-o, eu lhe peço, e não permita que Ele se vá, ou, se for, traga-o novamente para a casa de Sua mãe, para os átrios daquela que o concebeu (Cântico dos Cânticos 3:4), onde, com veemência santa, o deteremos e diremos: "Fica conosco, pois Tu és vida e alegria, e tudo em nós como uma igreja. Icabô[3] será escrito sobre nossa casa se Tu fores, pois Tua presença é nossa glória e Tua ausência será nossa vergonha".

As igrejas podem tornar-se como o templo quando a glória do Senhor deixou o santo lugar, porque a imagem dos ciúmes estabeleceu-se e a casa corrompeu-se (Ezequiel 8). Que séria admoestação é aquela que aparece em Jeremias 7:12-15: "Mas ide agora ao meu lugar que estava em Siló, onde, no princípio, fiz habitar o meu nome, e vede o que lhe fiz, por causa da maldade do meu povo de Israel. Agora, pois, visto que fazeis todas estas obras, diz o Senhor, e eu vos falei, começando de madrugada, e não me ouvistes, chamei-vos, e não me respondestes, farei também a esta casa que se chama pelo meu nome, na qual confiais, e a este lugar, que vos dei a vós outros e a vossos pais, como fiz a Siló. Lançar-vos-ei da minha presença, como arrojei a todos os vossos irmãos, a toda a posteridade de Efraim".

---

[3]Significa "foi-se a glória" (1 Samuel 4:21).

OS PERIGOS DA AUTOSSUFICIÊNCIA

Agora, vamos considerar, em segundo lugar, quais os perigos desse estado.

Ser rejeitado por Cristo

O grande perigo é, primeiro, *ser rejeitado por Cristo*. Ele diz: "estou a ponto de vomitar-te da minha boca" (APOCALIPSE 3:16) — como algo que o enoja e lhe dá náusea. Portanto, a igreja deve primeiro estar em Sua boca; do contrário, não poderia ser vomitada dela. O que isso significa? As igrejas estão na boca de Cristo de várias formas: são usadas por Ele como Seu testemunho para o mundo; Ele fala ao mundo por meio de sua vida e ministério. Ele faz tão bem quanto diz: "Ó pecadores, se vissem o que minha religião pode fazer, veriam aqui um povo cristão reunido por causa de meu temor e amor, andando em paz e em santidade". Ele fala com poder por meio delas e faz o mundo ver e saber que existe um verdadeiro poder no evangelho da graça de Deus.

Entretanto, quando a igreja não é fria nem quente, Ele não fala por intermédio dela e ela não lhe serve de testemunha. Quando Deus está com uma igreja, as palavras do ministro procedem da boca de Cristo. "E da Sua boca saía uma aguda espada de dois fios", diz João em Apocalipse 1:16 — e essa "aguda espada de dois fios" é o evangelho que nós pregamos.

Quando Deus está com um povo, este fala ao mundo com o poder de Deus, mas, se nos tornamos mornos, Cristo diz: "Seus ministros não proporcionarão benefícios, pois não os enviei nem estou com eles. Sua palavra será como a água derramada ao chão ou como o assobio do vento". Isso é terrível! Melhor é morrer do que ser vomitado da boca de Cristo.

Consequentemente, Ele também deixa de interceder por essa igreja. A intercessão especial de Cristo não é para todos os homens, pois Ele diz a respeito de Seu povo: "É por eles que eu rogo; não rogo pelo mundo, mas por aqueles que me deste" (João 17:9). Não acredito que Cristo rogue pela Igreja de Roma — para que rogaria senão para a completa destruição dela? Outras igrejas estão à beira do mesmo destino; não têm clareza sobre Sua verdade nem são honestas na obediência à Sua Palavra — seguem seus próprios projetos, são mornas.

No entanto, há igrejas pelas quais Ele está rogando, pois disse: "Por amor de Sião, não me calarei e, por amor de Jerusalém, não me aquietarei, até que saia a sua justiça como um resplendor, e a sua salvação como uma tocha acesa" (Isaías 62:1).

Poderosas são Suas súplicas por aqueles quem Ele realmente ama e incontáveis as bênçãos que lhes são decorrentes. Será terrível o dia em que Jesus lançar uma igreja dessa boca intercessória e deixá-la sem representante diante do trono pelo fato de Ele não ser dela. Você não treme diante dessa situação? Você não pedirá que a graça volte ao seu primeiro amor?

Sei que o Senhor Jesus jamais deixará de rogar por Seus próprios eleitos, mas, pelas igrejas como entidades corporativas, Ele pode deixar de rogar, porque elas se tornaram anticristãs ou são meras reuniões humanas, contudo não são assembleias dos eleitos como deve ser a Igreja de Deus. Ora, esse é o risco que corre qualquer igreja se abandonar seu primeiro fervor e tornar-se morna.

"Lembra-te, pois, de onde caíste, arrepende-te e volta à prática das primeiras obras; e, se não, venho a ti e moverei do seu lugar o teu candeeiro, caso não te arrependas." (Apocalipse 2:5).

Ficar na condição caída: desgraçada, miserável e pobre

Qual é o outro perigo? Esse primeiro compreende todas as coisas, mas outro mal está subentendido: que essa igreja será *deixada em sua condição caída*, tornar-se-á desgraçada, ou seja, miserável, desventurada, dividida, sem a presença de Deus e, assim, sem deleite nos caminhos do Senhor, morta, abatida, lúgubre, desolada, repleta de cismas, destituída de graça – e não imagino o que mais pode vir sob o termo "desgraçada".

Então, a segunda palavra é "miserável", que pode ser mais bem traduzida por "deplorável". Igrejas que antes eram uma bênção se tornarão uma vergonha. Embora os homens dissessem: "Grandes coisas fez o Senhor por elas", eles agora dirão: "Vejam como elas caíram! Que mudança sobreveio sobre aquele lugar! Que vazio e miséria! Quantas bênçãos aconteceram naquele local por tantos anos, mas que contraste agora!".

A situação digna de pena tomará o lugar das congratulações, e o escárnio virá depois da admiração. Então, ela será "pobre" na membresia, pobre no empenho, pobre em oração, pobre em dons e graças, pobre em todas as coisas. Talvez algumas pessoas abastadas serão deixadas para que a aparência de prosperidade seja preservada, mas tudo será vazio, fútil, inválido, sem Cristo, morto. A filosofia encherá o púlpito de chistes, a igreja será uma massa de interesses mundanos, a congregação será uma assembleia de vaidades.

Cegueira e nudez

Em seguida, eles ficarão cegos — não se verão como são, não verão aqueles que os cercam para lhes fazer o bem, não verão a volta de Cristo, não verão Sua glória. Eles dirão: "Nós vemos", mas estarão completamente cegos. Por fim, ficarão "nus": sua vergonha será vista por todos — serão um provérbio na boca de todos. "Chamam aquilo de igreja!?", alguém dirá. "Aquilo é uma igreja de Jesus Cristo?", perguntará outra pessoa. Aqueles homens desprezíveis que não ousaram abrir a boca contra Israel quando o Senhor estava lá começarão a gritar quando Ele se for, e esse grito será ouvido em todas as partes: "Como caíram os valentes, e pereceram as armas de guerra!" (2 SAMUEL 1:27).

Deixar de vencer

Nesse caso, a igreja *deixará de vencer*, pois "ao que vencer" é a promessa de sentar-se no trono de Cristo; contudo, essa igreja não merece a vitória. Será escrito a seu respeito o mesmo que foi escrito sobre os filhos de Efraim, que, estando armados e levando arcos, recuaram no dia da batalha (SALMO 78:9). "Vós corríeis bem", diz Paulo aos gálatas; "quem vos impediu de continuardes a obedecer à verdade?" (GÁLATAS 5:7).

Essa igreja teve uma grande oportunidade, porém não estava capacitada para a ocasião; seus membros nasceram para uma grande obra, mas, visto que eram infiéis, Deus os pôs de lado e usou outros meios. Ergueu dentre eles um testemunho vivo do evangelho, e sua luz atravessou o oceano e alegrou as nações, mas as pessoas não a mereciam nem eram fiéis a ela, e, consequentemente, Ele moveu o candeeiro do seu lugar e as deixou na escuridão.

Que Deus não permita que esse mal nos sobrevenha — entretanto, esse é o perigo de todas as igrejas se elas degenerarem para a total indiferença.

AS SOLUÇÕES DO SENHOR

Tenho de mencionar as soluções usadas pelo Senhor. Sinceramente rogo para que minhas palavras possam alcançar todos os presentes, principalmente cada um dos membros desta igreja, pois me alcançaram e causaram um grande exame no coração de minha própria alma, e, no entanto, não acredito que eu seja o menos fervoroso entre vocês. Peço-lhes que julguem a si mesmos, para que não sejam julgados. Não me perguntem se me referi a algo pessoal. Sou pessoal no sentido mais enfático da palavra. Falo de — e para — *vocês* da maneira mais simples.

Alguns de vocês mostram sintomas claros do que é ser morno, e Deus não permite que eu os agrade nem seja desonesto com vocês. Meu alvo é a personalidade, e sinceramente gostaria que cada amado irmão e irmã aqui levasse para casa cada uma dessas afáveis repreensões. E vocês que vêm de outras igrejas, quer dos Estados Unidos, quer de qualquer outra parte, devem despertar como nós, pois suas igrejas não são melhores que as nossas, algumas delas não são tão boas, e falo a vocês também, pois precisam ser encorajados a buscar coisas mais excelentes.

Revelação clara do estado da Igreja

Observemos, então, a primeira solução. Jesus deixa uma *revelação clara* quanto ao verdadeiro estado da Igreja. Ele lhe diz que ela é "desgraçada, e miserável, e pobre, e cega, e nua". Alegro-me em ver pessoas ansiosas por conhecer a verdade, mas a maioria dos homens não deseja conhecê-la, o que é um péssimo sinal.

Quando um homem lhe fala que não observou o livro-caixa nem fez o balanço anual do estoque, você sabe o que pensar dele e diz para seu gerente: "Você é responsável por ele? Então o mantenha o mais próximo possível". Certamente é terrível quando um homem não tem coragem de conhecer o que há de pior em si mesmo; mas aquele que é correto diante de Deus sente-se grato por saber o que ele é e onde está.

Ora, alguns de vocês conhecem os defeitos de outras pessoas e, ao prestarem atenção nessa igreja, observaram pontos fracos em muitos lugares. Mas vocês já choraram por elas? Já oraram por elas? Se não, vocês não prestaram a devida atenção a fim de promover o bem de seus irmãos e irmãs e talvez tenham permitido que surgissem pecados que deveriam ter sido arrancados: não abriram a boca quando deveriam ter falado com mansidão e seriedade aos transgressores ou feito de seu próprio exemplo uma advertência para eles.

Não julgue seu irmão, mas julgue-se a si mesmo; se houver algum rigor, aplique-o a sua própria conduta e coração. Devemos orar para que o Senhor use essa solução e faça-nos saber apenas onde estamos. Jamais nos endireitaremos, a menos que estejamos seguros do que já somos. O contentamento consigo mesmo é a morte do arrependimento.

Conselho gracioso

A próxima solução de nosso Senhor é o *conselho gracioso*. Ele diz: "Aconselho-te que de mim compres ouro refinado pelo fogo" (APOCALIPSE 3:18). Isso não impressiona você como uma passagem muito similar a de Isaías: "Vinde, comprai, e comei; sim, vinde e comprai, sem dinheiro e sem preço, vinho e leite" (ISAÍAS 55:1)? Pois ela o é e ensina-nos que uma solução para a mornidão é começar de novo da mesma forma como quando estávamos no início. Nossa temperatura era alta em nossa primeira conversão. Que alegria, que paz, que prazer, que consolo, que entusiasmo tínhamos quando conhecemos o Senhor pela primeira vez! Compramos ouro dele então para nada?; que venhamos e compremos novamente ao mesmo preço.

Se a religião não tem sido genuína em nós até este momento, ou se temos lhe feito algum acréscimo de material reluzente que achávamos ser ouro, mas não era, que nos acheguemos neste momento à Casa da Moeda celestial e compremos o ouro refinado pelo fogo para que possamos ser, de fato, ricos. Acheguemo-nos! Vamos começar outra vez, cada um de nós.

Visto que é possível termos pensado que estávamos vestidos quando, na verdade, estávamos nus, que corramos ao encontro do Senhor novamente e, com o Seu próprio preço — que não existe —, consigamos obter as vestes com as quais Ele formou Sua própria justiça e aquelas deslumbrantes vestes de Seu Espírito, que nos cobrirão com a beleza do Senhor.

Se, com tudo isso, nossa visão tornar-se mais turva e não olharmos mais para Deus, e não virmos Sua face, e nenhuma visão esplendorosa da glória for revelada, e não pudermos olhar para os pecadores com lágrimas nos olhos, como outrora fazíamos, que nos acheguemos a Jesus para que Ele cure nossos olhos, assim como fizemos quando éramos totalmente cegos no início, e o Senhor abrirá nossos olhos novamente, e o veremos distintamente como nos dias que se foram.

A palavra de Jesus é a seguinte: "Cheguem-se a mim, eu lhes rogo, meus irmãos. Se vocês se afastaram de mim, voltem; se têm sido insensíveis para comigo, não sou insensível para com vocês; meu coração é o mesmo que sempre foi com relação a vocês. Voltem para mim, meus irmãos. Confessem suas transgressões, recebam meu perdão e, doravante, permitam que seu coração arda por mim, pois ainda os amo e suprirei todas as suas necessidades". Esse é um bom conselho; vamos aceitá-lo.

Repreensões e disciplinas

Eis a terceira solução, distinta e penetrante, mas enviada com amor, ou seja, *repreensões e disciplinas*. Cristo deseja que Sua estimada Igreja ande com muito cuidado, e, se ela não o seguir totalmente ao lhe serem expostos seus erros e não se arrepender quando lhe for dado o bom conselho, Ele então recorrerá a alguns meios mais pungentes. "Eu repreendo e disciplino a quantos amo" (APOCALIPSE 3:19).

A palavra usada aqui para "amo" foi bem escolhida; significa uma intensa afeição pessoal. Ora, há algumas igrejas as quais Cristo ama de forma bastante especial, favorecendo-as mais do que as outras, fazendo mais por elas do que pelas outras e concedendo-lhes mais prosperidade; elas são as "queridinhas" de Seu coração, elas são Seus "Benjamins".

Ora, ser afetuosamente amado por Deus é algo bastante sério. É um privilégio ser desejado, mas observe: o homem que recebe muita honra ocupa uma posição muitíssimo delicada. O Senhor seu Deus é um Deus zeloso, e Ele tem maior zelo por aquilo em que deposita maior amor. O Senhor permite que alguns homens escapem completamente livres por um tempo depois de terem feito diversas maldades, mas, se fossem Seus próprios eleitos, Ele os teria visitado com açoites muito tempo antes. Ele tem um grande zelo por aqueles que escolheu para reclinarem-se em Seu peito e serem Seus amigos íntimos.

Nosso empregado pode fazer muitas coisas que talvez jamais fossem imaginadas por nossos filhos ou esposa; o mesmo acontece com muitos que professam ser servos de Deus — eles levam uma vida bem negligente e não parecem receber disciplina por isso. Mas, se fossem os especialmente amados do Senhor, Ele não suportaria essa conduta da parte deles.

Agora, observe isto: se o Senhor exalta uma igreja e concede-lhe uma bênção especial, Sua expectativa com relação a ela é maior — um maior cuidado em honrá-lo e um maior zelo por Sua glória do que espera de qualquer outra igreja. E quando Suas expectativas são frustradas, o que acontece? Ora, em virtude de Seu amor, Ele a repreende com sermões pesados, palavras fortes e estalos de consciência. Se esses recursos não erguerem a igreja, Ele pegará a vara e aplicará disciplinas. Paulo diz: "Eis a razão por que há entre vós muitos fracos e doentes e não poucos que dormem" (1 Coríntios 11:30).

A enfermidade física serve muitas vezes como forma de disciplinar as igrejas; os prejuízos, aflições e dificuldades surgem entre os membros, e, às vezes, há pobreza no púlpito, dissensões em razão de heresias e divisões na congregação, e falta de êxito em toda a obra da igreja. Todos esses são castigos aplicados com a vara.

É muito triste, mas, às vezes, essa vara não atinge aquele grupo da igreja que pratica o erro. Às vezes, Deus pode levantar os melhores na igreja e castigá-los pelo erro de outros. Você pode dizer: "Que justiça é essa?". Ora, porque eles formam a classe de pessoas que levará a maior vantagem com isso. Se uma videira quer ser podada, não é o ramo que produz frutos pequenos que será cortado, mas aquele que carrega muitos frutos, porque ele merece ser cortado. No caso deles, a disciplina é uma bênção e uma prova de amor.

O pesar muitas vezes sobrevém aos cristãos pelos pecados de seus irmãos na igreja — e sei que há muitos corações doloridos aqui neste mundo de irmãos e irmãs que amam ao Senhor e desejam ver a conversão de almas, mas eles apenas podem suspirar e chorar porque nada é feito.

Talvez tenham um ministro que não crê no evangelho e irmãos na igreja que não se importam se ele crê ou não nisso; todos eles dormem, exceto aquelas almas fervorosas que cercam o trono da graça de dia e de noite, e elas são as únicas que levam o fardo da igreja morna. Se a disciplina vier sobre esse lugar, sobre quem for, que todo o corpo a suporte, e que jamais descansemos até que a igreja comece a resplandecer o fogo sagrado de Deus e ferva de entusiástico desejo por Sua glória.

Maior comunhão com Cristo

Entretanto, a última solução é, a meu ver, a melhor de todas. Eu a aprecio muito e gostaria de torná-la meu alimento quando não for meu remédio. A melhor solução para igrejas que caem da fé *é uma maior comunhão com Cristo*. Ele disse: "Eis que estou à porta e bato" (APOCALIPSE 3:20). Eu entendia esse texto, que foi pregado para pecadores inúmeras vezes, como se Cristo batesse à porta deles e eles tivessem de abri-la, e assim por diante.

O pregador nunca conseguiu permanecer na graça gratuita por essa razão, pois o texto não tinha o propósito de ser usado nesse sentido, e se os homens conduzirem um texto de forma errônea, ele não produzirá resultado. Esse texto pertence à Igreja de Deus, não aos não convertidos. Está endereçado à igreja em Laodiceia. Nessa igreja, Cristo está do lado de fora — levado pela insensibilidade dela —, mas não está muito distante, pois ama muito Sua igreja para abandoná-la por completo. Ele deseja voltar e, por isso, espera à porta. Sabe que a igreja jamais será restaurada a menos que Ele volte e deseja abençoá-la e, assim, continua a esperar, batendo repetidas vezes.

Jesus não bate simplesmente uma vez, mas *continua* a bater por meio de sermões fervorosos, por meio de providências, por meio de impressões sobre a consciência, por meio de avivamentos do Espírito Santo; e, enquanto bate, Ele fala e usa todos os meios para despertar Sua igreja.

Cristo faz isso da maneira mais condescendente e graciosa, pois, ao ter ameaçado vomitá-la de Sua boca, Ele poderia ter dito: "Irei embora; e nunca mais voltarei para vocês", pois teria sido natural e justo; mas quão gracioso Ele é quando, ao expressar Sua aversão, diz: "Apesar de estar desgostoso com sua condição, eu não desejo deixá-lo; retirei minha presença de você, mas o amo e, por isso, bato à sua porta e gostaria de ser recebido em seu coração. Não forçarei minha entrada; quero que você espontaneamente abra a porta para mim".

A presença de Cristo em uma igreja é sempre algo muito agradável. Ele nunca se faz presente contra a vontade da igreja — isso não pode acontecer —, pois Ele vive na vontade e no coração de Seu povo e "efetua em vós tanto o querer como o realizar, segundo a sua boa vontade" (FILIPENSES 2:13).

Ele não quebra a fechadura e entra, como muitas vezes faz no coração de um pecador, conduzindo a alma pela tempestade, porque o homem está morto no pecado, e Cristo deve faz tudo, ou, do contrário, o pecador perecerá. Mas aqui Ele está falando a homens e mulheres com vida, que também devem ser homens e mulheres afetuosos, e diz: "Quero estar entre vocês; abram-me a porta". Devemos abrir a porta de uma vez e dizer: "Entre, bom Senhor. Sofremos em pensar que já o deixamos do lado de fora".

E, então, veja as promessas que Ele faz. Ele diz que virá e ceará conosco. Ora, no Oriente, a ceia era a principal refeição do dia, era o equivalente ao nosso almoço; por isso podemos dizer que Cristo virá e almoçará conosco. Ele nos dará um farto banquete, pois Ele mesmo é o mais saboroso e o mais farto de todos os banquetes para as almas que perecem. Jesus virá e ceará conosco, ou seja, seremos os anfitriões e o acolheremos. Mas, então, Ele acrescenta: "E ele, comigo", ou seja, ora Ele será o anfitrião, ora o convidado. Ofereceremos a Ele aquilo que temos de melhor; porém, esta mesa é escassa — extremamente escassa para Ele —, e, não obstante, Jesus participará dela. Então, será o Anfitrião, e nós seremos os convidados, e como nos deleitaremos naquilo que Ele oferece! Cristo vem e traz a ceia com Ele, e tudo que fazemos é encontrar a sala. O Mestre nos pergunta: "Onde é a sala de convidados?" e, então, prepara-se e apresenta Sua mesa real.

Ora, se esses são os termos para que tenhamos um banquete, escancararemos prontamente a porta do nosso coração e diremos: "Entre, bom Senhor". Ele diz: "Filhos, vocês têm carne?", e, se vocês se sentirem obrigados a dizer: "Não, Senhor", Ele entrará sem muita cerimônia, pois há peixes, a cesta está pronta para ser aberta — ela está tão cheia —, e aqui estão outros peixes prontos sobre as brasas (CF. JOÃO 21:9). Eu lhes asseguro: se cearmos com Ele, não seremos mais mornos. Os homens que estão onde Jesus está logo sentem o coração queimando.

O velho moralista persa conta que um vaso de perfume se quebrou e perguntou-se a um pedaço de barro perfumado: "Como você adquiriu um perfume tão agradável, não sendo outra coisa senão um pedaço de barro comum?". Ele respondeu: "Fiquei por muitos anos na agradável companhia de uma rosa, até, por fim, absorver seu perfume". De igual modo, podemos perguntar a todo cristão de coração fervoroso: "Como você se tornou tão fervoroso?", e sua resposta será: "Meu coração ferve de coisas boas, pois falo daquilo que comove o Rei. Tenho estado com Jesus e aprendido com Ele".

Ora, irmãos e irmãs, o que posso dizer para levá-los a experimentar essa última solução? Posso apenas dizer: aceite-a, não apenas por causa do bem que ela lhe fará, mas por causa de sua doçura.

Ouvi dizer de algumas pessoas que se comprometeram a não tomar vinho a menos que fosse para fins medicinais, mas, então, elas se sentiam muito contentes quando estavam doentes. E, assim, se esta for a solução: "Entrarei em sua casa e cearei com ele, e ele, comigo" (APOCALIPSE 3:20), podemos de pronto admitir a necessidade que temos de experimentar um remédio tão delicioso.

Será que preciso pressioná-lo a fazê-lo? Será que não posso induzir cada irmão para que, assim que chegar em casa hoje, veja se não pode passar a ter comunhão com Jesus? Que o Espírito de Deus o ajude!

Estas são minhas últimas palavras: há algo que podemos fazer a respeito disso. Devemos examinar a nós mesmos e confessar nossas culpas, caso a graça tenha decaído em nossa vida. E, então, não devemos falar em endireitar a igreja; cada um de nós deve pedir graça para si mesmo, pois o texto não diz: "Se a igreja abrir a porta", mas: "Se *alguém* ouvir a minha voz, e abrir a porta". Isso deve ser feito de forma pessoal — a igreja apenas se endireitará se cada membro se endireitar.

Que voltemos a ter um intenso fervor pelo amor e pela obra de nosso Senhor, e só conseguiremos isso se ouvirmos Suas repreensões e, então, cairmos em Seus braços, apegando-nos a Ele mais uma vez e dizendo: "Senhor meu e Deus meu!" (João 20:28). Isso curou Tomé, não é mesmo? Colocar seus dedos nas marcas dos cravos e pôr a mão no lado de Jesus foram atitudes que o curaram. Tomé, pobre, incrédulo e titubeante, apenas teve de fazer isso, e tornou-se um dos cristãos mais firmes, e disse: "Senhor meu, e Deus meu!".

Você amará seu Senhor até sua alma ser como brasas de zimbro (Salmo 120:4) se tiver comunhão diária com Ele. Achegue-se a Ele e, uma vez perto dele, nunca mais se afaste. Que o Senhor abençoe você. Que o Senhor o abençoe nessa questão!

2

UMA ADVERTÊNCIA AOS PRESUNÇOSOS[4]

Aquele, pois, que pensa estar em pé veja que não caia (1 Coríntios 10:12).

Trata-se de um fato singular, porém bastante certo, que os vícios são as falsificações de virtudes. Toda vez que Deus enviar do cofre celestial uma moeda preciosa de metal genuíno, Satanás imitará a impressão e articulará uma produção desprezível sem valor algum. Deus dá amor, que é Sua natureza e Sua essência. Satanás também adaptou algo a que chama de amor, que, porém, é luxúria.

Deus concede coragem — e é bom poder olhar nos olhos do nosso próximo sem medo de cumprir nossas obrigações diante dos homens. Satanás inspira a temeridade, chama-a de coragem e ordena que o homem corra para a boca de um canhão a fim de defender uma "reputação incerta".

Deus cria no homem o temor santo. Satanás lhe dá a incredulidade, e, muitas vezes, confundimos um com o outro. O mesmo aplica-se à melhor das virtudes, a graça salvadora da fé. Quando o assunto é sua perfeição, ela desenvolve a confiança, e não há nada tão cômodo e tão desejável para o cristão como a plena certeza da fé. Consequentemente, deparamo-nos com Satanás, que, ao ver essa bela moeda, pega o metal do abismo sem fim, imita a imagem celestial e a inscrição de garantia e põe em nossa mão o vício da presunção.

Talvez nos surpreendamos, como cristãos calvinistas, com as palavras de Paulo: "Aquele, pois, que pensa estar em pé veja que não caia" (1 CORÍNTIOS 10:12). Mas não devemos ficar surpresos, pois, se temos o maravilhoso direito de crer que permanecemos em

---

[4]Um sermão na íntegra e inédito proferido em 13 de maio de 1855, no *Exeter Hall*, Strand. Publicado originalmente em *The New Park Street Pulpit*, vol. 1, nº. 22.

pé, se pensamos estar em pé pelo poder de Deus — embora não consigamos confiar demasiadamente no poder do Altíssimo —, há algo que se assemelha muito à verdadeira confiança que, a menos que usemos o maior discernimento, não poderemos identificar a diferença entre ela e a presunção.

A ímpia presunção é contrária ao que estou para falar. Que eu não seja mal interpretado. Não mencionarei uma palavra contra a fé mais firme. Gostaria que todos os Pequena-Fé fossem Sólida-Fé, que todos os Temerosos se tornassem Destemidos-pela-Verdade e os Prontos-a-Fugir-de-Asael-Pés-Ligeiros (2 Samuel 2:18-21) persistissem todos correndo na obra de seu Mestre.

Não falo contra a fé sólida nem contra a plena segurança da salvação — Deus as concede a nós; é o que de mais sagrado e ditoso o cristão pode ter, e não há posição mais desejável quanto aquela em que podemos dizer: "...sei em quem tenho crido, e estou certo de que é poderoso para guardar o meu depósito até aquele Dia" (2 Timóteo 1:12).

Não é contra isso que falo, mas advirto você contra aquela coisa maligna — uma falsa confiança e presunção — que rasteja sobre o cristão, como o sono mortal e mórbido no cume de uma montanha, do qual, se não for despertado, como Deus verá que ele será, a morte será inevitável. "Aquele, pois, que pensa estar em pé veja que não caia."

Eu tentarei, primeiro, *decifrar o caráter*; segundo, *mostrar o perigo* e, terceiro, *aconselhar*. O caráter é o do homem que pensa estar em pé, o perigo é o de que ele pode cair e o conselho é "veja, não caia".

O CARÁTER DO PRESUNÇOSO

Meu primeiro interesse será decifrar o caráter do homem presunçoso, o homem que acredita estar em pé. Eu poderia encontrar uma multidão destes se pudesse fazer uma busca por este mundo afora. Poderia encontrar homens em empresas cheios daquela coragem arrogante que, por tirem obtido êxito nas negociações, se embrenharão no mar tempestuoso dessa vida competitiva, arriscando tudo — e perdendo tudo também.

Poderia citar outros que, abusando da própria saúde, estão consumindo seus anos no pecado e sua vida na iniquidade, porque pensam que seus ossos são de ferro, seus nervos, de aço e "todos os homens são mortais, menos eles".

Poderia falar de homens que se aventuram em meio à tentação, confiantes no poder que ostentam, exclamando com autocomplacência: "Você acha que sou fraco com relação ao pecado? Oh, não; ficarei de pé! Passe-me um copo de bebida; jamais serei um ébrio. Dê-me uma música; você não me encontrará em farras no meio da noite. Posso beber um pouco e depois parar". Estes são os homens presunçosos.

Entretanto, não tenho intenção de encontrá-los nesses lugares; meu assunto nesta manhã tem a ver com a Igreja de Deus. A peneira deve começar pelo solo; o trabalho de remoção da palha deve examinar o trigo. Portanto, devemos peneirar a Igreja para que encontremos os presunçosos.

Não é preciso ir longe para encontrá-los. Em todas as igrejas cristãs, existem homens que pensam estar em pé, homens que se vangloriam em sua força e poder imaginários, filhos da natureza humana que se vestem com elegância, mas não os filhos vivos do Deus vivo; eles não têm humildade nem o espírito quebrantado ou, se os têm, alimentaram a segurança carnal até que ela se tornasse um gigante e esmagasse a doce flor da humildade sob seus pés. Acreditam que estão em pé. Refiro-me agora aos verdadeiros cristãos que, não obstante, tornaram-se presunçosos e cederam à segurança carnal.

Que meu Mestre desperte esses cristãos, enquanto em minha mensagem eu me empenhe em atingir o âmago e a raiz da questão. Pouco discorrerei sobre as frequentes causas da presunção em um cristão.

Prosperidade terrena

Primeiro, uma causa bastante comum é a constante *prosperidade terrena*. Moabe repousou em seus refugos "e não foi mudado de vasilha para vasilha" (Jeremias 48:11). Dê a um homem riquezas; que seus navios tragam continuamente cargas valiosas para seu país; que os ventos e as ondas pareçam como seus servos a carregar suas naus pelas distâncias do imenso mar; que suas terras produzam com abundância; que o clima seja propício para suas colheitas e que os céus sorriam gratamente sobre seus empreendimentos; que os cordéis de Órion[5] se separem por ele; que as delícias do Sete-estrelo[6] desçam sobre ele (Jó 38:31); que o constante sucesso esteja presente em sua vida; que ele se destaque entre os homens como um empresário bem-sucedido, como o rico da parábola de Lucas 16:19-31, como um homem que está

---

[5]Constelação do hemisfério austral formada de estrelas brilhantes, três das quais são chamadas *Três Marias*.
[6]Constelação formada por sete estrelas visíveis a olho nu que fazem parte do aglomerado galáctico situado na constelação do Touro. Também conhecida como Plêiades.

acumulando muitas riquezas, que esteja sempre prosperando; ou, se não riquezas, que ele sempre tenha saúde; que não conheça a doença; que tenha força e brilho nos olhos para marchar pelo mundo e viver com alegria; que tenha alegria de espírito; que tenha um cântico permanente nos lábios e seus olhos sempre brilhem de alegria — o homem feliz que sorri diante da ansiedade e clama: "Vá embora, preocupação tola, por favor, saia de mim!". Digo que a consequência dessa condição para um homem — seja ele o melhor cristão que já existiu — será a presunção; e ele dirá: "Estou em pé".

Davi afirmou: "Eu dizia na minha prosperidade: Não vacilarei jamais" (Salmo 30:6). E nós não somos muito melhores do que Davi, nem chegamos à metade de sua bondade. Se Deus sempre tivesse de acalentar-nos no berço da prosperidade — se sempre fôssemos embalados nos joelhos da fortuna —, se não tivéssemos nenhuma mancha no pilar de alabastro, se não houvesse algumas nuvens nos céus, algumas manchas em nossa aurora, se não provássemos nenhuma gota amarga no vinho desta vida, deveríamos nos embriagar de alegria e sonhar que "estamos em pé".

E em pé deveríamos ficar, porém sobre um pináculo; em pé poderíamos ficar, mas, se despertássemos o homem que dorme no mastro, estaríamos em perigo a cada momento.

Louvamos a Deus, então, por nossas aflições; agradecemos-lhe pelo nosso espírito abatido; exaltamos Seu nome por perdermos nossa prosperidade, pois sentimos que, se isso não tivesse acontecido conosco — se Ele não tivesse nos disciplinado a cada manhã e nos inquietado a cada noite —, poderíamos ter nos tornado demasiadamente seguros.

A constante prosperidade terrena é uma prova de fogo. Se esse é o seu caso, aplique este provérbio à sua própria condição: "O crisol é para a prata, e o forno, para o ouro, e o homem é provado pelos louvores" (Provérbios 27:21).

Pensamentos de pecado

Novamente digo: *os simples pensamentos de pecado* gerarão presunção. Quando nos convertemos pela primeira vez, nossa consciência fica tão sensível que temos receio de cometer o menor pecado. Conheço novos convertidos que chegam a ter receio de dar um passo, para não colocar seus pés na direção errada. Pedem conselhos ao seu pastor e apresentam-nos casos difíceis de casuística moral — casos para os quais dificilmente sabemos a resposta. Eles têm uma timidez santa, um temor piedoso, a fim de que não pequem contra Deus.

Mas, infelizmente, logo a bela flor que nasce nesses primeiros frutos maduros é arrancada pelas mãos ásperas do mundo ao redor. A sensível planta que brota da piedade inicial se transforma em um salgueiro na vida que se segue: extremamente flexível, demasiada e facilmente submisso. É uma triste verdade observar que até o cristão fica aos poucos tão insensível a ponto de o pecado que antes o assustava e fazia o sangue gelar-lhe nas veias agora não o amedronta de nenhuma maneira.

Posso falar de minha própria experiência. Quando ouvi uma maldição pela primeira vez, fiquei aterrorizado e não sabia onde me esconder; contudo, agora posso ouvir uma imprecação ou uma blasfêmia contra Deus e, embora um arrepio ainda corra em minhas veias, não existe aquele solene sentimento, aquela profunda angústia que senti quando ouvi essas malignas afirmações pela primeira vez.

Aos poucos, acostumamo-nos ao pecado. O ouvido para o qual o canhão lançou seus disparos não perceberá pequenos sons. Os homens que trabalham naquelas enormes embarcações, cujas forjas produzem enormes ruídos, não conseguem dormir rapidamente, por causa do ruído contínuo em seus ouvidos; entretanto, logo, quando se acostumam ao ruído, nem se lembram dele.

O mesmo se aplica ao pecado. Primeiro, um pecadinho assusta-nos. Logo dizemos: "Mas é só um pecadinho!", como se referiu Ló à cidade de Zoar (Gênesis 19:20). Em seguida, aparece outro maior, e depois outro, até que, gradativamente, começamos a considerá-lo como algo que não passa de uma pequena enfermidade; e, então, você sabe, surge uma ímpia presunção, e achamos que estamos em pé.

"Não caímos", é o que dizemos, "apenas cometemos um pecadinho; não nos desviamos do caminho. É verdade que tivemos alguns tropeços, mas permanecemos em pé na maior parte do tempo. É possível que tenhamos dito uma palavra impura, mas, quanto à maior parte de nossa conversa, ela foi consistente".

É assim que encobrimos o pecado; colocamos uma máscara nele e tentamos escondê-lo. Cristão, cuidado! Quando você pensar levianamente no pecado, é porque já se tornou presunçoso. Veja para que não caia. O pecado — uma coisinha simples? Não é um veneno? Quem conhece seu poder de causar morte? O pecado — uma coisinha simples! Será que os filhotes de raposas não devastam os vinhedos (Cântico dos Cânticos 2:15)?

O pecado — uma coisinha simples? Será que um minúsculo coral não é capaz de formar um recife que destrói uma esquadra?

Será que pequenas machadadas não fazem cair carvalhos enormes? Será que as gotas a pingar continuamente nas pedras não as desgastam?

O pecado — uma coisinha simples? De espinhos o pecado cingiu-*Lhe* a cabeça que, agora, está coroada de glória. O pecado — uma coisinha simples? Levou-*O* a padecer angústias, amarguras e aflições até suportar "tudo que o Deus encarnado poderia suportar, com força suficiente, e nada a poupar".

Não se trata de uma coisinha simples. Você deve avaliá-lo à luz da eternidade! Você deve fugir dele como quem foge de uma serpente e desprezar o menor vestígio da aparência do mal! Mas, meu Deus! Devanear no pecado muitas vezes produz um espírito presunçoso — e pensamos que estamos em pé.

Vis pensamentos sobre a religião[7]

Uma terceira razão muitas vezes consiste *nos vis pensamentos quanto à importância da religião*. Nenhum de nós dá o devido valor à religião. O entusiasmo religioso, como é chamado, sofre escárnios em toda parte; entretanto, não creio que exista de fato algo como o entusiasmo religioso. Se um homem pudesse sentir entusiasmo em entregar seu corpo para ser queimado na estaca, se pudesse verter suas gotas de sangue e transformar cada gota em vida e, em seguida, deixar que a vida fosse massacrada em um constante martírio, ele não amaria tanto a seu Deus. Oh, não!

---

[7]Spurgeon usa o termo religião no sentido bíblico do relacionamento com Deus e as implicações práticas que dele decorrem, não no sentido mais comum de esforço do homem para religar-se a Deus e a Ele agradar.

Quando pensamos que este mundo não passa de um espaço restrito, que o tempo logo passará e estaremos para sempre na eternidade; quando levamos em consideração que estaremos no inferno ou no Céu por todo um estado interminável de imortalidade, como podemos amar tanto?

Como podemos estabelecer um preço tão alto para a alma imortal? Podemos pedir um preço tão alto pelo Céu? Será possível imaginar que fazemos tanto assim para servir a este Deus que se entregou por nossos pecados? Ah, não; e, contudo, a maioria de nós não dá o devido respeito à importância da religião.

Nenhum de nós pode estimar a alma corretamente; não temos nada com que possamos compará-la. O ouro é uma limalha desprezível; os diamantes são apenas pequenas saliências do ar em forma de gelo que podem se dissolver. Não temos nada que nos sirva de referência para comparar com a alma; portanto, não podemos calcular seu valor. Somos presunçosos porque não sabemos disso.

O avarento que ama seu ouro permite que ele seja espalhado no chão para que seu servo possa roubá-lo? Será que ele não o esconde num lugar secreto onde olho algum poderá vê-lo? Dia após dia, noite após noite, ele conta seu tesouro porque o ama.

Será que uma mãe confia em deixar seu filho à beira de um rio? Será que ela não pensa nisso quando vai dormir? E quando ele está doente, ela é capaz de deixá-lo sob os cuidados de uma enfermeira ineficiente, que pode levá-lo à morte? Oh, não; não teremos coragem de lançar fora aquilo que amamos; guardaremos com o maior cuidado aquilo que temos por mais precioso.

Portanto, se os cristãos reconhecessem o valor de sua alma, se pensassem na religião da forma devida, jamais seriam presunçosos; contudo, estas coisas — pensamentos vis acerca de Cristo, pensamentos vis acerca de Deus, que significam pensamentos com relação à condição eterna de nossa alma — têm a tendência de deixar-nos despreocupadamente seguros. Cuidado, portanto, com ideias torpes com relação ao evangelho, para que não seja surpreendido pelo maligno.

Ignorância sobre o que somos

Entretanto, essa presunção muitas vezes é fruto da *ignorância com relação ao que somos e em relação a em que estamos firmados*. Muitos cristãos ainda não sabem o que são. É verdade que o primeiro ensinamento de Deus é mostrar-nos nossa própria condição; no entanto, não sabemos disso até se passarem muitos anos desde nosso encontro com Jesus Cristo. As fontes que jorram nas profundezas do nosso coração não cessam de uma vez; a corrupção de nossa alma não se desenvolve em questão de uma hora.

"Filho do homem", disse o anjo a Ezequiel, "lhe mostrarei as abominações de Israel". Então, levou-o à entrada de uma porta, onde ele viu coisas abomináveis e se espantou: "Vês isto, filho do homem? Verás ainda abominações maiores do que estas"; em seguida, ele o leva para outra câmara, e Ezequiel diz: "Certamente, agora vi o pior". "Não", diz o anjo, "verás ainda abominações maiores do que estas" (8:6-15).

Portanto, durante toda a nossa vida, o Espírito Santo revela-nos a terrível abominação do nosso coração. Sei que há alguns neste momento que nada pensam a esse respeito; acham que são criaturas de bom coração. Você tem um bom coração, não? *Bom* coração? Jeremias teve um coração melhor do que o seu e, no entanto, disse: "Enganoso é o coração, mais do que todas as coisas, e desesperadamente corrupto; quem o conhecerá?" (17:9).

Não! A terrível lição não pode ser aprendida em uma noite. Somente Deus conhece a maldade do coração; e Young diz: "Deus poupa todos os olhos — mas não os Seus — dessa terrível visão: a visão do coração de um homem".

Se pudéssemos vê-lo, ficaríamos espantados. Bem, é porque ignoramos esse fato que somos presunçosos. Dizemos: "Tenho uma boa natureza e uma disposição nobre; não tenho nenhuma daquelas paixões ardentes e indignadas que alguns têm; posso seguramente permanecer em pé. Não tenho aquele coração completamente insensível que se inflama por um momento; meus sentimentos são tênues; minhas forças para cometer o mal estão um tanto enfraquecidas e, por isso, posso seguramente permanecer em pé". Ah! Você pouco sabe que presunçoso é quando fala assim.

Oh!, verme da terra, você ainda não está livre da natureza pecaminosa, pois o pecado e a corrupção permanecem no coração até dos regenerados; e é, de forma singular, uma verdade, embora pareça um paradoxo, como disse Ralph Erskine,[8] que o cristão por vezes pensa consigo mesmo:

Inclina-se tanto para o mal como para o bem
E tanto para um demônio como para um santo.

---

[8]Pregador e escritor inglês (1685-1752). Conhecido por ser o autor de *Sonetos do Evangelho* e de outras importantes obras. Há poucos registros sobre sua infância; entretanto, suas maravilhosas experiências na oração durante essa fase foram escritas por ele em seu livro de exercícios. Aos 15 anos, ingressou na Universidade de Edimburgo para estudar teologia. Era extremamente aplicado ao estudo da Palavra, à oração e à pregação. Seus sermões e poesia revelam preciosidades espirituais. Seu lema era: "No Senhor tenho justiça e força".

Existe essa corrupção no cristão, uma vez que, enquanto seja um santo em sua vida — e justificado por meio de Cristo —, ele parece um demônio às vezes em pensamentos, e um demônio nos desejos e corrupções de sua alma. Cuidado, cristão! Você precisa estar na torre de vigia; você tem um coração incrédulo; portanto, vigie de dia e de noite.

Orgulho

Entretanto, para concluir essa descrição de um homem presunçoso: *o orgulho* é a causa mais geradora de presunção. Em todas as suas diversas formas, é a fonte da segurança carnal. Às vezes é o *orgulho do talento*.

Deus concedeu dons ao homem; este é capaz de apresentar-se diante de uma multidão ou de escrever para muitos; ele tem uma mente perspicaz, o poder de decisão e coisas assim. Então, ele diz: "Quanto aos ignorantes, aqueles que não possuem nenhuma aptidão, eles podem cair; meu irmão, tome cuidado — mas olhe para mim. Como estou cercado de grandeza!". E, consequentemente, em sua apreciação de si mesmo, ele pensa que está em pé. Ah!, esses são os homens que caem.

Quantos que se inflamaram como cometas no céu do mundo religioso correram para o espaço e desapareceram na escuridão! Quantos homens se apresentaram como profetas diante de seus irmãos, e que exclamariam como aquele que se deixou envolver por sua vaidade: "Eu, somente eu estou vivo; eu sou o único profeta de Deus"; e, no entanto, esse único profeta caiu; sua lâmpada se extinguiu e sua luz desvaneceu-se nas trevas.

Quantos se vangloriaram de sua força e dignidade e disseram: "Eu construí esta poderosa Babilônia" (CF. DANIEL 4:30), mas, então, pensaram que estavam em pé e caíram de uma vez. "Aquele, pois, que cuida estar em pé", com os talentos mais admiráveis, "olhe que não caia".

Outros têm o *orgulho da graça*. Este é um fato curioso; entretanto, existe isso de ter orgulho da graça. Um homem diz: "Tenho muita fé, por isso não cairei; aquela fé pequena e improdutiva pode existir, mas não no meu caso".

"Tenho um fervoroso amor", diz outro homem; "posso permanecer em pé, pois não há perigo de eu me desviar do caminho. Quanto ao meu irmão logo ali, ele é tão frio e sem vida que ouso dizer que ele cairá."

Outro diz: "Tenho a mais flamejante esperança do Céu, e essa esperança triunfará; ela livrará minha alma do juízo e do pecado, uma vez que Cristo, o Senhor, é puro. Estou seguro".

Aquele que se vangloria da graça tem pouca graça da qual se vangloriar. Contudo, há alguns que agem dessa forma, que pensam que sua graça pode guardá-los, não sabendo que a corrente deve constantemente fluir da fonte principal, senão o leito do rio logo se secará, e os seixos ao fundo serão vistos.

Se não houver o fluxo contínuo de óleo na lâmpada, embora sua luz seja bem forte hoje, ela se apagará amanhã, e terrível será o cheiro em decorrência disso. Cuidado para não se gloriar em seus talentos nem em seus méritos!

Muitos ainda são piores: eles pensam que não cairão por causa de seus *privilégios*. "Eu tomo a ceia, fui batizado de acordo com a ortodoxia, como está escrito na Palavra de Deus; assisto a esta e àquela ministração; estou bem alimentado; estou farto e viçoso nos átrios de meu Deus. Se fosse uma daquelas criaturas minguadas que dão ouvidos a um falso evangelho, talvez eu pudesse pecar; no entanto, nosso ministro é o modelo da perfeição;

somos constantemente alimentados e satisfeitos. Certamente, permaneceremos em pé." Consequentemente, na complacência de seus privilégios, eles menosprezam os outros, exclamando: "Meu monte permanece firme; jamais serei abalado".

Cuidado, presunção, cuidado! "A soberba precede a ruína, e a altivez do espírito, a queda" (Provérbios 16:18). Cuidado! Preste atenção nos seus passos; pois, onde se instaura o orgulho, está o verme na raiz da planta, levando-a a secar e morrer (cf. Jonas 4:6-10).

"Aquele, pois, que pensa estar em pé", por causa do orgulho do talento, ou da graça, ou do privilégio, "veja que não caia".

Espero que tenha causado alguma impressão aqui; espero que o cutelo tenha sido afiado; estou com o bisturi nas mãos, e espero ter descoberto algo. Oh, presunçosos, estas são minhas palavras; e farei isso enquanto os advirto sobre o perigo.

O PERIGO

Serei mais breve no segundo ponto: *o perigo*. Aquele que pensa estar em pé corre risco de sofrer uma queda. Não é possível que o verdadeiro cristão sofra uma queda definitiva; no entanto, ele está muito mais propenso a sofrer uma queda vergonhosa. Embora não tropece de modo a destruir sua vida, o cristão pode quebrar as pernas. Apesar de Deus ter dado aos anjos a responsabilidade por ele, para guardá-lo em todos os seus caminhos, não há, no entanto, permissão para que ele seja guardado quando se desvia do caminho; e, fora do caminho, ele pode se envolver em muitas aflições.

A negligência

Neste momento, devo tentar dar a você a razão pela qual o homem que pensa estar em pé está mais exposto ao perigo de uma queda do que qualquer outro.

Primeiro, porque *esse homem em meio à tentação certamente será, em maior ou menor grau, negligente.* Faça um homem acreditar que é muito forte, e o que ele fará? A luta intensifica-se à sua volta; contudo, ele tem sua espada embainhada. "Oh!" diz ele, "minha arma é ágil e firme; posso desembainhá-la e acertar o alvo". Por isso, talvez ele se deite no campo ou durma preguiçosamente em sua tenda; "pois", diz ele, "quando ouço inimigos se aproximando, tamanha é minha coragem e tamanha é a minha força que posso matá-los aos milhares. Vocês, guardiães, vigiem os fracos; vão até os Prestes-a-Correr e aos Temerosos e levantem-nos. Porém, eu sou um gigante; e deixem-me usar de uma vez esta velha espada de Toledo[9] que tenho nas mãos — ela atravessará o corpo e a alma. Toda vez que me encontrar com meus inimigos, serei mais do que um vencedor".

Esse homem é negligente no combate. Ele levanta o elmo, como é dito que Golias fez, e, então, leva uma pedra na testa; deixa o escudo cair e, então, uma flecha penetra-lhe a carne; ele embainha a espada, leva um golpe do inimigo e não se mostra bem preparado para resistir. O homem que pensa ser forte é desprevenido, não está preparado para aparar os golpes do inimigo e, então, a lança penetra sua alma.

---

[9] O aço produzido na cidade de Toledo, Espanha, era famoso pela sua liga de alta qualidade, desde cerca de 500 a.C., por sua dureza e tecnologia muito avançada para a época.
As espadas produzidas ali se tornaram padrão de armamento para as legiões romanas.

Não se afastar da tentação

O homem que pensa estar em pé não terá o cuidado de afastar-se do caminho da tentação; ao contrário, irá correndo ao seu encontro. Lembro-me de observar um homem que estava indo para um lugar a fim de divertir-se — ele era professor de religião. Perguntei-lhe:

—O que você faz neste lugar, Elias?

—Por que você está me fazendo essa pergunta — ele disse.

—O que você faz aqui, Elias? Você está indo naquela direção?

—Sim — ele respondeu, com certo rubor no rosto — mas consigo fazer isso sem ser influenciado.

—Eu não. — eu disse — Sei que pecaria se estivesse lá. Não me importaria com o que as pessoas diriam a respeito; sempre faço o que quero, desde que seja algo que considero correto. Deixo os *comentários* para quem gosta de falar sobre mim. Entretanto, este é um lugar perigoso, e eu não conseguiria ir até lá sem me contaminar com isso.

—Ah! — ele exclamou — Eu conseguiria; já estive nesse lugar antes e tive pensamentos maravilhosos ali. Acho que ele amplia o intelecto. Sua mente é fechada; você não procura as coisas boas da vida. É uma verdadeira festa — eu lhe asseguro. Eu iria se fosse você.

—Não — respondi — seria um perigo para mim. Pelo que ouço, o nome de Jesus é profanado naquele lugar; e diz-se muito que é um lugar totalmente contrário ao cristianismo que professamos. As pessoas que o frequentam não são as melhores, e certamente será dito que pessoas da mesma espécie se reúnem lá.

—Ah, bom! — ele respondeu — Talvez seja melhor que vocês, jovens, fiquem afastados; como eu sou um homem forte, posso ir.

E ele foi se divertir naquele lugar.

Esse homem era um fruto de Sodoma. Era um professor de religião. Imaginei que havia algo pútrido no âmago desse fato; e descobri isso pela experiência, pois o homem era um perfeito lascivo até então. Ele usava uma máscara, era um hipócrita e não tinha de fato a graça de Deus no coração.

Os presunçosos dirão que podem se expor ao pecado — eles são cheios de força moral; no entanto, quando um homem desses disser-lhe que ele é bom, sempre fique com um pé atrás e entenda o que ele disse como "sou ruim o máximo possível". O homem que confia em si mesmo corre o risco de cair porque irá ao encontro da tentação na confiança de que é forte e capaz de escapar.

Não usar os meios de graça

Outra razão é que *esses homens fortes por vezes não usarão os meios de graça* e, consequentemente, cairão.

Há algumas pessoas que muito provavelmente nunca frequentam um lugar de adoração. Elas não se professam religiosas; no entanto, estou certo de que se surpreenderiam se eu lhes falasse que conheço algumas pessoas declaradamente cristãs que são aceitas em algumas igrejas como verdadeiros filhos de Deus, as quais, contudo, criam o hábito de ficar longe da casa de Deus, porque imaginam que são tão avançadas que não precisam disso. Você ri de uma coisa dessas.

Elas se orgulham no íntimo dessa profunda experiência; têm inúmeros sermões maravilhosos em casa e param para lê-los. Não precisam ir à casa de Deus, pois estão fartas e são prósperas. Imaginam que receberam há 7 anos alimento suficiente para os próximos 10 anos. Pensam que o alimento velho alimentará sua alma neste momento. Esses são seus homens presunçosos.

Eles não devem se assentar à mesa do Senhor, comendo o corpo e bebendo do sangue de Cristo, nos símbolos sagrados do pão e do vinho. Você não os vê orando no quarto deles; não os vê examinando as Escrituras com uma santa curiosidade. Eles pensam que estão em pé — que jamais serão abalados. Imaginam que recursos existem para os cristãos mais fracos; e, ao abandonarem esses recursos, eles caem.

Eles não terão sapatos para calçar os pés, por isso as pedras o cortarão; eles não usarão as armaduras, por isso o inimigo os ferirá — por vezes, quase até à morte. Nesse profundo charco de negligência dos meios de graça, muitos como o professor arrogante afundaram.

O Espírito se retira

O homem que confia em si mesmo corre um terrível risco, *porque o Espírito de Deus sempre se retira dos orgulhosos.*

O gracioso Espírito tem prazer em habitar nos lugares humildes. A pomba santa veio ao Jordão; não lemos que ela descansou em Basã (CF. ISAÍAS 2:13). O homem que estava sobre o cavalo vermelho cavalgou entre as murteiras, e não entre os cedros (ZACARIAS 1:8). As murteiras cresciam na base das montanhas; os cedros, portanto, no ponto mais alto.

Deus ama a humildade. O Espírito ama aquele que anda com temor e tremor, temendo desviar-se do caminho; no entanto, quando se instaura o orgulho e o homem declara: "Agora não estou em perigo", a pomba se vai; ela voa para os céus e nada terá a ver com ele.

Alma orgulhosa, é você quem extingue o Espírito. Homens arrogantes, vocês entristecem o Espírito. Ele abandona todo coração em que o orgulho habita; Ele abomina aquele mau espírito de Lúcifer; o Espírito não descansará com ele nem ficará em sua companhia. Eis aqui o seu maior perigo, orgulhosos: o perigo de que o Espírito abandona aqueles que negam depender totalmente dele.

O CONSELHO

O terceiro ponto é o conselho. Até aqui, fiz apenas comentários sobre o texto; agora, gostaria de reforçá-lo. Se meu Senhor permitisse, eu falaria diretamente a sua alma e, assim, descreveria o perigo de um homem presunçoso, levando você a clamar aos Céus para que morresse antes de tornar-se presunçoso; para que antes pudesse se achar entre aqueles que se prostram aos pés de Cristo, tremendo todos pela vida, do que entre aqueles que pensam estar em pé e que, consequentemente, caem. Cristãos, o conselho bíblico é o seguinte: cuidado!

Muitos têm caído

Primeiro, cuidado, pois *muitos têm caído*. Se pudesse levar você às alas de um hospital onde se encontram cristãos enfermos e machucados, eu poderia fazê-lo tremer. Eu lhe apresentaria uma pessoa que, por um pecado que se apossou dela não mais do que por um único momento, está terrivelmente debilitada, a ponto de sua vida ser um cenário constante de miséria.

Eu poderia lhe apresentar outra pessoa, um gênio brilhante, que servia seu Deus com vigor, que — não é um sacerdote do mal, isso seria uma mentira, ou quase isso — está sentado neste momento em desespero, por causa de seu pecado.

Poderia mostrar-lhe outra pessoa, que antes estava na igreja, piedosa e constantemente, e agora, porém, vai à mesma casa de oração como se tivesse vergonha de si mesma, senta-se no mesmo canto a distância e não é mais tratada com a bondade que antes recebia, pois os próprios irmãos têm receio, porque essa pessoa os enganou muito e trouxe desonra para a causa de Cristo.

Se soubéssemos a terrível dor que sofrem aqueles que caem! Se pudéssemos dizer quantos caíram (e, de fato, não pereceram), mas ainda se arrastam, na miséria, ao longo de toda a sua existência, estou certo de que teríamos cuidado.

Venha comigo para os pés da montanha da presunção. Observe ali as formas desfiguradas e distorcidas de muitos que antes voavam alto com asas como as de Ícaro nas regiões elevadas da autoconfiança; entretanto, ali permanecem com seus ossos quebrados e com sua paz destruída. Ali permanece aquele que tinha a vida eterna no seu interior; observe como ele parece estar cheio de dor, assemelhando-se a um monte sem esperança de carne. É verdade que ele está vivo, mas apenas isso. Não sabemos como alguns daqueles que entram no Céu se salvaram "como que através do fogo" (1 Coríntios 3:15).

Um homem caminha em direção ao Céu; ele se mantém firme; Deus está com ele, e ele segue feliz ao longo de sua jornada. Outro diz: "Eu sou forte; não cairei". Ele sai do caminho para colher uma flor; percebe algo que o diabo colocou em seu caminho; deixa-se levar primeiro por esse laço e, depois, por essa armadilha; e, ao aproximar-se do rio, em vez de encontrar à sua frente aquele rio de néctar do qual se embriaga o cristão que está para morrer, ele vê o fogo pelo qual terá de passar, estalando sobre a superfície da água.

O rio está em chamas, e, ao entrar nele, ele se queima e se vê em meio ao fogo. A mão de Deus está estendida, dizendo: "Venha! Venha!"; no entanto, ao afundar os pés no rio, ele percebe o fogo ardendo à sua volta e, apesar de a mão apanhá-lo pelos cabelos e arrastá-lo, ele se levanta na margem dos Céus e exclama: "Sou um monumento da misericórdia de Deus, pois fui salvo como que pelo fogo".

Cristão, você tem desejo de ser salvo como que pelo fogo? Você não prefere entrar no Céu entoando cânticos de louvor? Você não prefere glorificá-lo na Terra e depois dar seu último testemunho com as palavras: "Vitória, vitória, vitória Àquele que nos amou" e, então, fechar os olhos na Terra e abri-los no Céu? Se quiser que seja assim, não seja presunçoso. "Aquele, pois, que pensa estar em pé veja que não caia."

Prejuízo à obra de Cristo

Mais uma vez, tenha cuidado, porque *uma queda prejudicará muito a causa de Cristo*. Nada tem prejudicado tanto o cristianismo quanto a queda do povo de Deus.

Ah, como o mundo aponta para aquele verdadeiro cristão quando ele comete um pecado. "Aquele homem era diácono, mas ele sabe como cobrar de forma exorbitante. Aquele homem era professor de escola dominical, mas consegue defraudar tão bem quanto seus vizinhos. Aquele homem é um ministro, e vive em pecado."

Como o mundo se alegra quando a queda é grande — é alegria para o pinheiro quando o cedro cai! O mundo ri à custa de nossos pecados; alegra-se com nossas falhas; bate as asas ao nosso redor e, se consegue observar um ponto em que somos vulneráveis, ele diz: "Vejam, estes santos não são melhores do que deveriam ser". Por causa de um hipócrita, os homens colocam todos os outros no mesmo patamar.

Ouvi certo homem dizer, há pouco tempo, que ele não acreditava que existia um cristão de verdade vivo, porque se deparou com muitos hipócritas. Lembrei-lhe que não poderiam existir hipócritas se não houvesse os sinceros. Ninguém tentaria falsificar notas de dinheiro se não houvesse as verdadeiras. Ninguém pensaria em passar um *sovereign*[11] ruim se não houvesse as moedas de libra esterlina.

Por isso, o fato de alguns serem hipócritas prova que alguns são indivíduos verdadeiros. Contudo, que aqueles que assim o são tomem cuidado; que sempre tenham, em sua conduta, o anel de ouro puro. Que nossas conversas se transformem no evangelho de Cristo, para que, de nenhum modo, o inimigo tenha vantagem sobre nós e difame o nome de Jesus.

E, principalmente, essa é a incumbência que recai sobre os membros de nossa própria igreja, pois se diz com frequência que as doutrinas nas quais cremos têm uma tendência de levar-nos ao pecado. Tenho ouvido afirmações muito enfáticas de que aquelas doutrinas importantes as quais amamos e que encontramos nas Escrituras são licenciosas. Não sei quem tem a audácia de fazer essa afirmação, quando se considera que os homens mais santos creram nelas.

---

[11] Antiga moeda de ouro da Inglaterra, que valia 20 xelins ou uma libra esterlina.

Pergunto ao homem que ousa dizer que o calvinismo[12] é uma religião licenciosa, o que ele pensa sobre o caráter de Santo Agostinho,[13] ou de Calvino[14] ou de Whitefield[15], homens que, por anos consecutivos, foram os maiores expoentes do sistema de graça; ou o que ele dirá daqueles puritanos, cujas obras fazem inúmeras referências a esses homens?

Se um homem fosse arminiano[16] naquela época, ele teria sido considerado o mais desprezível herege vivo; mas, neste momento, somos considerados como os heréticos, e eles, os ortodoxos. Nós voltamos à velha escola; podemos traçar nossa descendência a partir dos apóstolos. É esta veia da graça gratuita,

---

[12]Sistema religioso instituído por Calvino, reformador protestante francês, que pode ser resumido em cinco pontos: 1. Depravação total do homem; 2. Eleição incondicional; 3. Expiação limitada; 4. Graça irresistível; 5. Perseverança dos santos.

[13]Teólogo, filósofo, escritor e mitógrafo (354-430), conhecido como o último dos antigos e o primeiro dos modernos filósofos a refletir sobre o sentido da História e o arquiteto do projeto intelectual da Igreja Católica. Interessou-se pelo cristianismo, voltou-se para o estudo dos filósofos neoplatônicos, renunciou aos prazeres físicos e converteu-se ao cristianismo. Sua obra, de extraordinária riqueza, antecipou o cartesianismo e a filosofia da existência. Fundou a filosofia da história e dominou todo o pensamento ocidental até o século 13, quando deu lugar ao tomismo e à influência aristotélica.

[14]João Calvino (1509-1564) foi um dos principais teólogos da Reforma Protestante e criador do calvinismo. Estudou latim, filosofia e dialética e formou-se em direito. Considerado chefe do protestantismo francês, foi perseguido pelas autoridades católicas. Segundo seus ensinamentos, o homem estaria predestinado à salvação ou à condenação.

[15]George Whitefield (1714-1770) foi um evangelista inglês, nascido em Gloucester. Converteu-se ao cristianismo em 1733 e logo ingressou na Universidade de Oxford. Seu ministério teve início com suas pregações em cadeias e na obra missionária. Segundo muitos, foi o maior evangelista de todos os tempos. Foi a figura mais notável no movimento religioso conhecido como o Grande Despertamento.

[16]Seguidor do sistema religioso formulado pelo teólogo protestante holandês Jacobus Arminius, que nega a predestinação. Pode ser resumido em cinco pontos: 1. Capacidade humana ou livre-arbítrio; 2. Eleição condicional; 3. Expiação ilimitada; 4. Graça resistível; 5. Decair da graça.

que percorre nossos sermões, que nos salvou como uma denominação. Se não fosse por isso, não estaríamos onde estamos.

Podemos atravessar uma linhagem de ouro até chegar ao próprio Jesus Cristo, por meio de uma sucessão santa de fortes patriarcas, que defendiam essas maravilhosas verdades — e podemos expressar nossa opinião a respeito deles: onde encontraremos homens mais santos e melhores no mundo?

Não temos vergonha de dizer sobre nós mesmos que, por mais difamados e caluniados que possamos ser, não encontraremos um povo que viverá mais próximo de Deus do que aqueles que creram que não são salvos por suas obras, mas somente pela graça gratuita.

Contudo, nós, que cremos na graça gratuita, tenhamos cuidado! Nossos inimigos têm aversão a essa doutrina; e, se alguém cair, eles dizem: "Aí está. Observem a tendência de seus princípios". Podemos responder o contrário: "Veja qual é a tendência de *sua doutrina*". A exceção em nosso caso prova que a regra é verdadeira: que, afinal, nosso evangelho leva-nos à santidade. Dentre todos os homens, aqueles que têm a piedade mais desinteressada, a reverência mais sublime, a devoção mais ardente, que creem que são salvos pela graça, sem obras, por meio da fé, e não por eles mesmos, estes têm o dom de Deus. Cristão, cuidado para que, de nenhum modo, Cristo seja crucificado mais uma vez e exposto à vergonha pública.

E o que mais posso dizer neste momento? Vocês, meus amados, meus irmãos e irmãs, não pensem estar em pé para que não caiam. Você, coerdeiro da vida e da glória eternas, nós estamos marchando ao longo desta exaustiva peregrinação; e eu, a quem Deus tem chamado para o ministério da pregação, voltar-me-ia afetuosamente para você, pequenino, e diria: "Veja que não caia".

Meus irmãos e irmãs, não tropecem. Ali está o laço, ali está a cilada. Estou aqui para colher as pedras pelo caminho e tirar os obstáculos. Contudo, o que posso fazer, com o devido cuidado e prudência, se você mesmo não anda com cautela?

Oh, meus irmãos e irmãs, estejam muito mais em oração do que antes. Reservem um tempo maior para a devoção e adoração. Leiam as Escrituras com maior determinação e constância. Examinem sua vida com mais cuidado. Vivam mais perto de Deus. Tomem os melhores exemplos como seu modelo de conduta. Permitam que suas conversas sejam agradáveis aos Céus. Permitam que seu coração tenha o perfume do amor pela alma dos homens.

Portanto, vivam de modo que os homens saibam que você tem andado com Jesus e aprendido com Ele; e, quando aquele maravilhoso dia chegar, Aquele a quem você ama dirá: "Venha para os altos Céus", que a sua alegria seja a de ouvi-lo dizer: "Venha, meu amado, que combateu o bom combate, que completou a carreira e já agora a coroa da justiça que não desvanece lhe está guardada".

A postos, cristão, com cuidado e precaução! A postos, com temor santo e tremor! A postos, no entanto, com fé e confiança, pois você não cairá. Leia o versículo a seguir deste mesmo capítulo: "...mas Deus é fiel e não permitirá que sejais tentados além das vossas forças; pelo contrário, juntamente com a tentação, vos proverá livramento, de sorte que a possais suportar." (1 CORÍNTIOS 10.13).

Entretanto, há alguns aqui que talvez nunca ouçam a minha voz novamente; não deixarei, com a ajuda de Deus, minha congregação partir sem apontar-lhe o caminho da salvação. Há alguns de vocês que sabem que nunca creram em Cristo. Se morressem no lugar em que estão sentados neste momento, não teriam esperança de ressuscitar entre os glorificados na bem-aventurança. Quantos há aqui que, se o coração pudesse falar, testificariam que estão sem Deus, sem Cristo, e que são separados da comunidade de Israel (Efésios 2:12).

Permita-me dizer-lhe, então, o que você deve fazer para ser salvo. Seu coração está batendo forte? Você sofre por causa de seus pecados? Você se arrepende de suas iniquidades? Você está disposto a voltar-se para o Deus vivo? Se esse for o seu caso, este é o caminho da salvação: "Quem crer e for batizado será salvo" (Marcos 16:16). Não posso revogar a ordem de meu Mestre — Ele usa os termos "crer" e "batizado"; e continua: "quem, porém, não crer será condenado".

Suas obras não podem salvá-lo. Embora eu tenha falado aos cristãos e os exortado para que façam boas obras, não digo o mesmo para você. Digo-lhe que você não terá a flor antes de ter a semente. Não o convidarei a colocar o telhado de sua casa antes de lançar os alicerces. Creia no nome do Senhor Jesus Cristo e você será salvo. Quem aqui se lançar agora sobre Jesus como um miserável cheio de culpa — quem se lançar nos braços do amor eterno — será aceito; essa pessoa passará pela porta desse prédio justificada e perdoada, com a alma tão segura como se estivesse no Céu, sem o perigo de perder-se pela eternidade. Tudo isso acontece por meio da fé em Cristo.

Certamente, você não precisa de argumento. Se eu pensasse que seria necessário, eu o usaria. Eu me levantaria e choraria até que você viesse a Cristo. Se eu pensasse que sou forte o suficiente para trazer uma alma a Jesus, se eu pensasse que a persuasão moral poderia convencê-lo, eu iria até cada um de vocês e lhes imploraria para que se arrependessem no nome de Deus.

Contudo, uma vez que não posso fazê-lo, cumpri minha obrigação quando profetizei para os ossos secos. Lembre-se de que nos encontraremos novamente.

Não me orgulho da retórica nem do talento, e não consigo entender por que você veio a este lugar; eu apenas falo aquilo que sinto. Entretanto, ouça-me: quando nos encontrarmos diante do trono de Deus, por piores que tenham sido minhas palavras, estarei apto para confirmar que lhe disse as seguintes palavras: "Creia no nome de Jesus e você será salvo".

Por que morrerás, ó casa de Israel? Será o inferno um lugar tão agradável? Será o tormento eterno algo tão desejado que, por esta razão, é-nos possível abrir mão das glórias do Céu, do êxtase da eternidade?

Homem, você gostaria de viver eternamente? Ou morrer como um animal irracional? "Viver", é a sua resposta. Bem, então, você não tem vontade de viver em um estado de êxtase? Que Deus conceda-lhe graça para voltar-se a Ele com pleno propósito de coração!

Venha, pecador cheio de culpa! Deus o ajudará a vir, e eu estarei bem satisfeito se ao menos uma alma for acrescentada ao aprisco visível de Jesus, por meio de algo que eu possa ter dito. Amém.

3

PERSEVERANÇA NA SANTIDADE[17]

*Farei com eles aliança eterna, segundo a qual
não deixarei de lhes fazer o bem; e porei o meu temor
no seu coração, para que nunca se apartem de mim*
(Jeremias 32:40).

Na manhã do último sábado, fomos convidados a fazer um exame profundo do nosso coração.[18] Foi uma pregação muito dolorosa para o pastor — e não menos dolorosa para muitos de seus ouvintes. Alguns de nós jamais esqueceremos aquela figueira, coberta de folhas novas, que não produzia frutos e estava condenada a ser um símbolo de esterilidade por todas as Eras. Senti como se estivesse em uma cirurgia, usando o bisturi. Senti uma grande ternura, mas a cirurgia foi dolorosa para minha alma.

Quando começou o trabalho de remoção da palha, alguns grãos de trigo acharam que não eram tão pesados assim. Então, o vento começou a fustigá-los, de modo que sentissem medo de serem levados para o fogo. Espero que hoje vejamos que, a despeito de toda joeira, nem um verdadeiro grão será desperdiçado.

Que o próprio Rei aproxime-se e deleite-se com Seus santos hoje! Que o Consolador, que convenceu do pecado, venha neste momento alegrar-se com a promessa junto a nós!

Em relação à figueira, notamos que se confirmou sua esterilidade: ela não produzia frutos, embora desse grandes sinais de que o faria, e permaneceu assim. Consideremos outra forma de confirmação: não a maldição de insistir no radicado hábito do mal, mas a bênção de perseverar no caminho estabelecido da graça. Que o Senhor nos mostre como estabelece Seus santos na justiça e realiza as obras que iniciou neles para que

---

[17]Um sermão na íntegra e inédito proferido na manhã de domingo, 6 de outubro de 1889, no *Metropolitan Tabernacle*, Newington. Extraído do *Metropolitan Tabernacle Pulpit*, vol. 35, nº. 2108.

[18]"A Figueira sem Fruto", mensagem pregada em 29 de setembro de 1889, publicada em português pela Editora PES.

permaneçam, persistam e até avancem rumo à perfeição, de modo que não sejam envergonhados no dia de Sua aparição!

Passemos logo ao texto em questão. No mundo, existem homens e mulheres com quem Deus estabelece um relacionamento de aliança. Em meio a essas miríades de pessoas que se esquecem de — ou até afrontam — Deus, há um grupo que assumiu um compromisso, que pensa em Deus, conhece-o, confia nele e até faz um pacto com Ele. Deus fez uma aliança com esse grupo. É o milagre da misericórdia o fato de Jeová fazer uma aliança com o ser humano; contudo, é isso que Ele fez.

Deus comprometeu-se com Seu povo, que, por sua vez, por meio de Sua graça, assumiu um compromisso com Ele. Esses são os comprometidos com o Céu, em laços de amizade, de aliança e até de união com o Senhor, seu Deus. Essa aliança prevalecerá quando as montanhas se forem e os montes forem removidos; não se trata de algo para passar o tempo, mas, como seu Autor, é algo eterno. São pessoas felizes que se uniram ao Senhor por um laço eterno!

Esses que assumiram um compromisso talvez sejam conhecidos por alguns sinais e evidências. É mais importante que reconheçamos que nós mesmos pertencemos a esse grupo. Segundo o texto, trata-se de um povo a quem Deus está fazendo o bem.

Querido amigo, você percebe que Ele lhe está fazendo o bem? O Senhor tem lhe tratado com graça? Ele lhe apareceu e disse: "Com amor eterno eu te amei; por isso, com benignidade te atraí" (31:3)? Todas as coisas contribuem juntamente para o seu bem? Quero dizer, para seu bem espiritual? Para o seu bem eterno? Você já recebeu o bem maior pela renovação do Espírito Santo? Ele já lhe concedeu Cristo? Ele já fez com que você odiasse o mal e se apegasse àquilo que é bom? Se essas dádivas lhe foram concedidas, Ele lhe tem feito o bem, pois elas são consequências da aliança e garantias infalíveis de que há um vínculo entre Deus e sua alma.

Esse povo é conhecido por ter o temor de Deus no coração. Julgue-se a si mesmo para ver se isso acontece no seu caso. Esta é a promessa da aliança: "e porei o meu temor no seu coração" (32:40). Você teme ao Senhor? Você reverencia a Jeová, nosso Deus? Você tem o desejo de agradar ao Senhor? Você o agrada? Você deseja ser como Ele? Você é como Ele em termos de humildade? Você se sente envergonhado quando percebe o quanto, infelizmente, não corresponde às Suas expectativas?

E esse sentimento o leva a ter fome e sede de justiça? A presença aprazível de Deus é seu Céu aqui na Terra? O Céu é tudo que você deseja lá do alto? Se for, esse temor de Deus em seu coração é o selo de sua aliança. Com relação a você, Deus tem pensamentos de amor que jamais serão mudados.

Isso nos leva a uma consideração cuidadosa de nosso texto. Primeiro, notamos nele *a aliança eterna*: "Farei com eles uma aliança eterna". Segundo, percebemos com reverência o Deus imutável da aliança: "...de não me desviar de fazer-lhes o bem". Terceiro, vemos com alegria *a perseverança do povo nesta aliança*: "Porei o meu temor nos seus corações, para que nunca se apartem de mim".

Tenho por certo que não encontrarei uma linguagem apropriada para um tema como este; entretanto, alegro-me em pensar que, por mais pobres e simples que possam ser minhas palavras, a questão à qual me refiro é, por si só, suficiente para o deleite de todos os verdadeiros cristãos.

Quando há fartura de alimentos sólidos em uma refeição, não há por que reclamar, mesmo que não haja enfeites refinados sobre a mesa. Homens com fome não são ávidos pela ostentação de baixelas de prata ou de aço damasquino nem por uma exposição de flores para enfeitar a mesa. Eles se satisfazem com alimento sólido.

No tópico que quero apresentar, há carne preparada para reis — por pior que eu possa tê-la cortado, aquele que tem fome não deixará de se saciar com ela. Que o Espírito Santo assim o faça!

A ALIANÇA ETERNA

Primeiro, eis aqui A ALIANÇA ETERNA: "Farei com eles uma aliança eterna".

No versículo 31 do capítulo anterior, essa aliança é chamada de "nova aliança"; e é nova em comparação à anterior, feita pelo Senhor com o povo de Israel quando o tirou do Egito. É nova quanto ao princípio sobre o qual está baseada.

O Senhor disse ao Seu povo que, se este cumprisse Suas leis e andasse em Seus estatutos, Ele o abençoaria. Pôs diante de Seu povo uma infinidade de bênçãos, preciosas e perfeitas — o povo teria todas elas se ouvisse o Senhor e obedecesse à Sua lei.

Na verdade, Jeová era um marido para eles, suprindo cuidadosamente todas as suas necessidades e sustentando-os ao longo de toda a sua jornada. Ele os alimentava com o manjar dos anjos; protegia-os do calor do dia e, à noite, iluminava sua cidade de tendas com uma coluna de fogo. O próprio Deus caminhava no meio deles e Se revelava a eles como jamais fizera a outra nação; esse era um povo que estava perto d'Ele, uma nação amada pelo Senhor.

Contudo, sob as circunstâncias extremamente favoráveis em que viviam no deserto, onde não tinham preocupações temporais nem vizinhos para desviá-los do caminho, não cumpriram os estatutos de seu Deus; além disso, não permaneceram fiéis a Ele como seu Deus, pois adoraram uma imagem fundida e compararam o Senhor da glória a um boi que comia capim. Curvaram-se diante da imagem de um boi com chifres e patas e clamaram: "São estes, ó Israel, os teus deuses, que te tiraram da terra do Egito." (Êxodo 32:4).

Deste modo, eles quebraram a aliança da maneira mais cruel e perversa. Essa aliança foi facilmente violada por um povo rebelde; por essa razão, o Senhor, em Sua graça imensurável, decidiu fazer com eles uma aliança de um novo tipo, que não pode ser, portanto, quebrada. O Senhor permaneceu fiel à velha aliança; a quebra veio da parte do povo, como lemos em Jeremias 31:32: "porquanto eles anularam a minha aliança, não obstante eu os haver desposado".

Após muita paciência, Ele os visitou por causa de suas iniquidades, e a carcaça deles caiu no deserto, pois não podiam entrar no descanso do Senhor. Posteriormente, Ele os entregou nas mãos de seus inimigos, o que lhes era um castigo; fez com que fossem levados cativos e, por fim, permitiu que os romanos queimassem sua cidade santa e dispersassem o povo por todas as terras. Eles não cumpriram a aliança de Deus e, por essa razão, sua infidelidade lhes sobreveio.

Entretanto, nestes dias, o Senhor fez, em Cristo Jesus, com a verdadeira semente de Abraão, com todos os cristãos, uma nova aliança, não segundo o caráter da velha aliança nem propensa a ser quebrada como aquela foi.

Seja cuidadoso em fazer a distinção entre a velha e a nova aliança, pois elas jamais devem ser confundidas. Muitos não compreendem o verdadeiro sentido da aliança da graça; não entendem um pacto de puras promessas. Falam sobre graça, mas a consideram como algo que depende de méritos. Falam da misericórdia de Deus e, então, somam a ela condições que a transformam em justiça, em vez de graça.

Faça a distinção de coisas que são diferentes. Se a salvação vem pela graça, ela não é fruto de obras; do contrário, a graça não é mais graça; e se é fruto de obras, ela não vem pela graça; do contrário, as obras não são mais obras. A nova aliança se dá, do começo ao fim, totalmente pela graça; é nosso dever mostrar-lhe essa verdade à medida que seguirmos adiante.

No entanto, trata-se de uma aliança *eterna* — é nesse ponto que o texto insiste. A outra aliança não durou muito tempo; contudo, essa é uma aliança eterna. A despeito do pensamento moderno, espero que eu possa acreditar que a palavra "eterna" signifique "durar para sempre". Embora haja algum sentido na linguagem, ficaremos satisfeitos em saber que "uma aliança eterna" significa uma aliança que jamais terá fim. Por que isso?

A primeira razão por que se trata de uma aliança eterna é que *ela foi feita conosco em Cristo Jesus*. A aliança de obras foi feita com a raça no primeiro Adão; entretanto, o primeiro Adão era falível e logo caiu; ele não conseguiu suportar a pressão de sua responsabilidade e, por isso, aquela aliança foi quebrada. Contudo, a garantia da nova aliança é nosso Senhor Jesus Cristo, que não é imperfeito, mas perfeito. O Senhor Jesus é o cabeça de Seus escolhidos e responsável por eles; esses são considerados membros de Seu corpo, e Ele é sua cabeça, seu porta-voz, seu representante.

Como o segundo Adão, o Senhor Jesus assumiu uma aliança com Deus em nome de Seu povo; e, uma vez que Ele não pode fracassar — pois nele não há fraqueza nem pecado —, a aliança da qual Ele é a garantia, portanto, prevalecerá. Cristo permanece para sempre em Seu sacerdócio segundo a ordem de Melquisedeque e no poder de uma vida eterna. Está, tanto em Sua natureza quanto em Sua obra, eternamente qualificado para permanecer diante do Deus vivo. Ele permanece em absoluta perfeição sob toda pressão, e, portanto, a aliança está nele.

Quando lemos: "e te farei mediador da aliança com o povo" (ISAÍAS 42:6), vemos que a aliança não pode acabar, porque Aquele que é sua essência e base não pode fracassar. Portanto, a aliança é eterna, uma vez que o Senhor Jesus, nela, representa todo o Seu povo de crentes.

A segunda razão pela qual a aliança não pode fracassar é porque *seu lado humano foi cumprido*. O lado humano poderia ser considerado o lado frágil da aliança; no entanto, quando Jesus fez-se representante do homem, esse lado tornou-se infalível. Ele, nesse exato momento, cumpriu rigorosamente todas as condições deste lado do qual Ele era a garantia. Exaltou a Lei e a enobreceu por Sua própria obediência a ela. Ele cumpriu as exigências do governo moral e fez o que era preciso, por causa das ofensas do homem, para que este alcançasse a santidade.

A Lei é mais glorificada por meio de Sua morte expiatória do que era difamada pelo pecado do homem. Esse Homem ofereceu um sacrifício eterno para perdão dos pecados, e esse ato é tão eficaz para o cumprimento da aliança que Ele se assenta à destra de Deus.

Então, desde que este lado da aliança cumpriu aquilo que compete ao homem, resta apenas cumprir-se aquilo que compete a Deus, que consiste em promessas — promessas incondicionais, cheias de graça e verdade, tais como as que seguem: "Então, aspergirei água pura sobre vós, e ficareis purificados; de todas as vossas imundícias e de todos os vossos ídolos vos purificarei. Dar-vos-ei coração novo e porei dentro de vós espírito novo; tirarei de vós o coração de pedra e vos darei coração de carne. Porei dentro de vós o meu Espírito e farei que andeis nos meus estatutos, guardeis os meus juízos e os observeis." (EZEQUIEL 36:25-27).

Deus não será fiel às Suas promessas? Sem dúvida, sim. Quando Ele faz uma aliança, e da parte do homem o pacto foi cumprido — o que é indispensável —, quanto à parte do Senhor, nenhuma palavra deixará de ser cumprida. Cada jota e til será considerado.

Além disso, a aliança deve ser eterna, pois *está fundamentada sobre a graça gratuita de Deus*. A primeira aliança dependia da obediência dos homens. Se cumprissem a Lei, Deus os abençoaria; no entanto, caíram em desobediência e herdaram a maldição. A soberania divina decidiu lidar com os homens não de acordo com o mérito, mas de acordo com a misericórdia; não de acordo com o caráter pessoal dos homens, mas de acordo com o caráter pessoal de Deus; não de acordo com aquilo que os homens poderiam realizar, mas de acordo com aquilo que o Senhor Jesus realizaria.

A graça soberana declara que Ele terá misericórdia daquele de quem tiver misericórdia, e compaixão daquele de quem tiver compaixão. Essa base da soberania não pode ser abalada. A aliança, que salva os homens de acordo com a vontade e o bom prazer de Deus, está alicerçada em uma rocha; pois a graça gratuita de Deus não muda, e a soberania divina está ligada à imutabilidade, como está escrito: "Porque eu, o Senhor, não mudo; por isso, vós, ó filhos de Jacó, não sois consumidos" (Malaquias 3:6).

O menor vestígio de mérito adiciona à aliança aquilo que é perecível; entretanto, se a aliança é pela pura graça, então será eterna.

Novamente, na aliança, *tudo o que pode ser concebido como uma condição é providenciado pela graça de Deus*. Para ser perdoado, é necessário que o homem se arrependa; entretanto, o Senhor Jesus é exaltado nos altos Céus por conceder arrependimento e remissão de pecados.

Para ser salvo, é necessário que o homem tenha fé no Senhor Jesus Cristo; mas a fé é fruto da operação de Deus, e o Espírito Santo opera em nós esse fruto do Espírito.

É indispensável, antes de entrarmos no Céu, que sejamos santos; no entanto, o Senhor nos santifica por meio da Palavra e efetua em nós "tanto o querer como o realizar, segundo a sua boa vontade" (Filipenses 2:13).

Tudo o que é requerido é também suprido. Se houver, em qualquer parte da Palavra de Deus, alguma ação ou graça mencionada como se fosse uma condição para a salvação, ela é descrita, em outra passagem bíblica, como uma dádiva da aliança que será concedida aos herdeiros da salvação por Cristo Jesus. Para que a condição, que parece colocar a aliança em risco, seja seguramente estabelecida, é preciso, portanto, que não haja falha nem ruptura.

Além disso, a aliança é eterna por *não ser suplantada por nada mais glorioso*. Quanto à obra de Deus, Ele sempre avança do que é bom para o que é melhor. A antiga Lei foi deixada de lado porque Ele encontrou uma carência nela, e, portanto, a nova aliança deve prevalecer até que seja encontrada nela uma falha — o que jamais acontecerá. Esta é a glória que sobressai: nenhum esplendor pode exceder a glória de Deus na face de Jesus Cristo.

É impossível que haja algo mais gracioso, mais reto, mais justo para Deus ou mais seguro para o homem do que o plano de salvação estabelecido na aliança da graça. A Lua cede seu lugar para o Sol, que, por sua vez, dá espaço para um esplendor que excederá a luz de 7 dias; contudo, o que deve suplantar a luz da graça gratuita e do amor disposto a morrer, a glória do amor que entregou o Primogênito para que pudéssemos ter vida por meio dele?

A aliança da graça feita conosco em Cristo Jesus é a obra-prima da sabedoria e do amor divino, e está estabelecida, sobre esses princípios, sua duração eterna.

Descanse na aliança da graça como algo que lhe oferece segurança eterna e consolo sem fim. Ela pode muito bem ser eterna, uma vez que sua concepção foi divina.

Naturalmente, o conselho do Senhor prevalecerá. Quem mais poderia ter pensado em uma aliança "em tudo bem-definida e segura" (2 SAMUEL 23:5) a ser feita com homens cheios de culpa? Ela também foi divina em seu cumprimento, por isso prevalecerá. Quem poderia ter concedido um Salvador como o Unigênito do Pai? Quem poderia ter-Lhe dado por aliança senão o Pai?

A aliança é divina em seu sustento. Observe bem a Palavra do Senhor: "Farei com eles aliança eterna" (JEREMIAS 32:40). Ele não diz: "Farão comigo aliança"; mas: "Farei com eles aliança". Esse Deus é o autor da aliança e a razão de sua infalibilidade e eternidade.

O Deus fiel deu garantias que a estabelecem com firmeza — até Sua promessa e Seu juramento; essas duas coisas imutáveis, nas quais é impossível Deus mentir (Hebreus 6:17,18). Por meio delas, nós, que procuramos refúgio em Cristo Jesus, temos um firme consolo (v.18). Portanto, muita coisa se baseia no primeiro tópico; e pouca coisa é quando comparada à grandeza do assunto.

DEUS IMUTÁVEL DA ALIANÇA

Segundo, neste momento, temos de pensar seriamente no DEUS IMUTÁVEL DA ALIANÇA: "Não deixarei de lhes fazer o bem" (Jeremias 32:40).

Por gentileza, observe os termos aqui — o Senhor não diz simplesmente: "Não os deixarei", mas: "Não deixarei de lhes fazer o bem". Ele não deixará de fazer o bem para Seus escolhidos. O Senhor sempre está fazendo o bem para Seu povo; e, aqui, Ele promete jamais deixar de abençoá-los. Ele não apenas os amará sempre como também sempre provará Seu amor por meio de Sua constante bondade e bênção. Ele se compromete a continuar com Suas dádivas e operar de acordo com Sua bondade.

De fato, Ele diz: "Não deixarei de abençoá-los; continuarei eternamente a fazer-lhes o bem". Ora, por que Deus é imutável em Suas obras com relação àqueles que fizeram aliança com Ele?

Primeiro, Ele não deixará de lhes fazer o bem porque *Ele assim o disse*. Isso é suficiente. Jeová fala, e em Sua voz está o fim de toda controvérsia. Ele diz: "Não deixarei de lhes fazer o bem", e não temos dúvida de que Ele não faltará à Sua palavra. Não são necessárias outras razões; essa é suficiente, pois o Senhor o disse. Se foi Ele quem disse, será que não cumprirá?

Entretanto, lembremo-nos de que não há uma razão válida para levar o Senhor a deixar de lhes fazer o bem. Isso faz-nos lembrar da falta de merecimento do povo. Sim, mas observe que *quando Ele começou a fazer-lhes o bem, eles eram tão indignos quanto possivelmente poderiam ser.* Ele começou a fazer-lhes o bem quando eles estavam mortos nos delitos e pecados (EFÉSIOS 2:1). Ele lhes começou a fazer o bem quando eram inimigos e rebeldes e estavam sob condenação.

Quando o pecador sente, inicialmente, o mover do amor de Deus sobre seu coração, ele não está em uma condição recomendável. Em alguns casos, o homem não passa de um ébrio, de um blasfemador, de um mentiroso ou de um ímpio. Em determinados casos, o homem foi um opressor como Manassés ou Saul.

Se Deus deixou de nos abençoar em razão de não poder ver algum bem em nós, por que Ele começou a fazer-nos bem quando não tínhamos desejo em servir-lhe? Éramos uma massa de miséria, um poço de desejos e um monturo de pecados quando Ele começou a fazer-nos o bem. Não importando o que sejamos neste momento, não somos diferentes do que éramos quando Ele revelou Seu amor por nós pela primeira vez. O mesmo motivo que o levou a começar essa obra o leva a prosseguir — e esse motivo não é nada mais além de Sua graça.

Além disso, não pode haver nenhuma razão na imperfeição do cristão que leve o Senhor a deixar de fazer-lhe o bem, uma vez que *Ele viu antecipadamente todo o mal que estaria em nós.*

Nenhum filho errante de Deus surpreende Seu Pai celestial. Ele pré-conhecia todo pecado que cometeríamos: Ele se propôs a fazer-nos o bem, apesar de prever toda essa iniquidade. Se, portanto, Ele entrou em aliança conosco e começou a nos abençoar independentemente de todos os pecados que cometemos diante de Seus olhos; nenhuma novidade há que possa mudar a aliança uma vez feita, apesar de todos esses empecilhos conhecidos e levados em consideração.

Não há pecado escarlate algum que tenha sido omitido: "Vinde, pois, e arrazoemos, diz o Senhor; ainda que os vossos pecados sejam como a escarlata" (Isaías 1:18). Ele fez uma aliança em que não se desviaria de nós, para fazer-nos o bem; e nenhum incidente aconteceu — ou pode acontecer — que fosse desconhecido por Ele quando, portanto, deu Sua palavra de graça.

Outrossim, eu teria de lembrá-los de que *somos neste dia vistos por Deus à mesma luz de sempre*. Ele nos viu no princípio como seres sob o pecado, caídos e depravados e, contudo, prometeu fazer-nos o bem.

> Ele me viu arruinado na queda;
> contudo, amou-me apesar de tudo.[19]

E se hoje sou um pecador, se hoje tenho de sofrer por causa de minha natureza pecaminosa, estou apenas onde estava quando Ele me escolheu, chamou-me e remiu-me pelo sangue de Seu Filho. "Porque Cristo, quando nós ainda éramos fracos, morreu a seu tempo pelos ímpios." (Romanos 5:6).

Éramos pessoas indignas a quem Ele concedeu Sua misericórdia, sem nenhum motivo senão que Ele se esvaziou de Sua própria natureza; e se ainda somos indignos, Sua graça

---

[19]Dois primeiros versos do hino *Awake, my soul, to joyful lays* (hino 47 do Cantor Cristão); letra de Samuel Medley (1738 – 1799) sobre a melodia *Loving-Kindness*, um hino folclórico. Apareceu pela primeira vez em *The Christian Lyre*, volume 1, de Joshua Leavitt, 1831.

permanece a mesma. E se é assim, se Ele ainda trata conosco por meio da graça, é evidente que Ele ainda nos vê como pessoas indignas; e por que Ele não deveria fazer-nos o bem agora como fazia no princípio? Não há dúvida de que, a fonte sendo a mesma, a corrente continuará a fluir.

Além disso, lembre-se de que *Deus agora nos vê em Cristo*. Observe que Ele colocou Seu povo nas mãos de Seu amado Filho e até nos colocou no Corpo de Cristo: "porque somos membros do seu corpo. " (Efésios 5:30). Deus nos vê em Cristo por Ele ter morrido, por ter sido sepultado e por ter ressuscitado.

Uma vez que o Senhor Jesus Cristo agrada o Pai, assim, nele, também agradamos o Pai, pois nosso ser nele nos identifica com Ele. Se, então, o fato de sermos aceitos por Deus está baseado na aceitação de Cristo por Deus, Ele tem uma base firme e é um argumento imutável para que o Senhor Deus nos faça o bem.

Se nos colocássemos diante de Deus em nossa própria justiça pessoal, nossa destruição seria certa e rápida; mas, em Jesus, nossa vida está guardada do perigo. Creia firmemente que o Senhor não pode rejeitar Seu povo, a menos que rejeite Cristo; Ele não pode lançar fora qualquer um daqueles com quem entrou em aliança no Senhor Jesus Cristo, a menos que rejeite a expiação e a ressurreição.

O Senhor não rejeitará Seu povo, nem deixará de fazer-lhe o bem, porque *Ele já lhe mostrou o quanto é bom; e tudo que Ele fez estaria perdido se não levasse isso até o fim*. Ao entregar Seu filho, Ele nos deu uma firme promessa de que pretendia concluir Sua obra de amor.

Conta-se a história de um homem que não termina sua obra: "Este homem começou a construir e não pôde acabar"

(Lucas 14:30); entretanto, o mesmo jamais poderá ser dito com relação ao Senhor Jeová.

O Senhor Deus revelou toda a Sua divindade para salvar Seu povo e depositou todo o Seu ser na pessoa do Amado para nossa redenção — será possível crer que Ele fracassará nisso?

Naturalmente, pensar nessa hipótese é uma blasfêmia. Alguns de nós já experimentaram amor demais para acreditar que ele deixará de ser derramado sobre nós. Temos sido tão agraciados que não temos coragem de temer que o favor divino para conosco deixará de existir.

O sentimento do amor de Deus é tão celestial, tão divino quando revelado à alma, que não podemos crer que foi dado como algo para enganar-nos. Temos sido levados por tantas torrentes de amor que jamais acreditaremos que elas se secarão.

O Senhor tem conversado conosco de maneira tão íntima que Seu segredo está conosco, e Ele reconhecerá eternamente esse símbolo místico pelo qual nossa união foi selada. Como Paulo, cada um de nós pode dizer: "Porque sei em quem tenho crido, e estou certo de que é poderoso para guardar o meu depósito até aquele Dia" (2 Timóteo 1:12). O preço que nosso Senhor pagou é nossa garantia de que Ele concluirá Seus intentos de graça.

Temos a convicção de que Ele não nos deixará de abençoar, porque temos provado que, *até no momento em que esconde Sua face, Ele não se desvia de nos fazer o bem*. O Senhor tirou o brilho de Sua face, mas jamais o amor de Seu coração. Quando o Senhor desviou o rosto de Seu povo, foi para fazer-lhe o bem, deixando-o cansado do ego e ávido por Seu amor.

Quantas vezes Ele nos impediu de desviar, fazendo-nos sentir a malignidade do pecado que entristece o Espírito! Quando clamamos: "Ah! Se eu soubesse onde o poderia achar!" (Jó 23:3), a angústia de nossa busca proporcionou-nos uma grande bênção.

Seja minha testemunha, povo provado de Deus; os castigos do Senhor sempre foram para o seu bem. Quando o Senhor mexeu em sua ferida até que ficasse roxa, seu coração foi aperfeiçoado. Quando o Senhor levou seus confortos, Ele lhe fez o bem, levando-o para mais perto do bem maior. O Senhor enriqueceu-o por meio de seus males e tornou-o saudável por meio de suas enfermidades.

Se, então, o Senhor, nosso Deus, quando visto em meio à escuridão, não deixou de fazer-nos o bem, somos levados a pensar que Ele jamais deixará de encher-nos de favores dia após dia.

Além disso, encerro com o argumento de que *Sua honra está envolvida na salvação de Seu povo*.

Se os escolhidos e remidos do Senhor são lançados fora, onde está a glória de Sua redenção? Não dirá o inimigo com relação ao Senhor: "Ele não tinha o poder de cumprir Sua aliança nem a fidelidade para continuar a abençoá-los"? Essas palavras serão ditas do Senhor? Consequentemente, Ele perderá a glória de Sua onipotência e imutabilidade?

Não consigo crer que qualquer propósito do Senhor possa ser frustrado nem é possível conceber que Ele possa revogar Suas declarações de amor para aqueles com quem Ele tem uma aliança. O Deus a quem adoramos e honramos, o Deus de Abraão, o Deus e Pai de nosso Senhor e Salvador Jesus Cristo, jamais desfaleceu nem está cansado.

"Mas, se ele resolveu alguma coisa, quem o pode dissuadir?" (Jó 23:13). "Lembrar-se-á sempre da sua aliança" (Salmo 111:5).

De nosso Senhor Jesus podemos realmente cantar:

Sua honra tem o compromisso de salvar
a mais desprezível de Suas ovelhas;
tudo que Seu Pai celestial concedeu,
Suas mãos seguraram firmemente.[20]

O fato de meus argumentos parecerem-lhe bons ou não é de pouca importância, pois o texto é a Palavra inspirada de Deus e não pode ser mal compreendido ou questionado. Portanto, diz o Senhor, "não me desviarei de fazer-lhes o bem".

PERSEVERANÇA

A terceira parte de nosso tema leva-nos à PERSEVERANÇA DO POVO NESTA ALIANÇA:

> *"Porei o meu temor no seu coração, para que nunca se apartem de mim"* (JEREMIAS 32:40).

Leiamos estas palavras separadamente: "Para que nunca se apartem de mim". Se houvesse apenas esse texto na Bíblia, ele seria suficiente para provar a perseverança final dos santos: "Para que nunca se apartem de mim". A salvação daqueles que estão em aliança com Deus se dá, neste contexto, por uma

---

[20]Hino 138, *Santos nas mãos de Cristo – Jo 10:28,29*, de *The Psalms and Hymns of Isaac Watts*. Watts (1674–1748) é considerado o "pai do hino inglês". Seus hinos transcendem em poesia e profundidade os de seus contemporâneos por seu profundo amor a Deus, pela percepção da obra da cruz e da ressurreição e por conseguir ver significados imensos nos pequenos fatos da fé.

perfeita promessa do Deus onipotente, que deve ser cumprida. É simples, clara, incondicional e positiva: "Para que nunca se apartem de mim".

Ela não se cumpre por meio de uma alteração do efeito da apostasia. Se eles se apartassem de Deus, seria fatal.

Imaginemos que um filho de Deus se apartasse totalmente do Senhor e perdesse completamente a vida de Deus: e aí? Apesar disso, ele estaria salvo? Minha resposta é a seguinte: sua salvação está no fato de que ele jamais perderá completamente a vida de Deus. Por que haveríamos de perguntar o que aconteceria em um caso que jamais pode vir a acontecer?

Mas, se conseguimos imaginá-lo, não demoramos a dizer que, se o cristão se separar totalmente de Cristo, sem dúvida perecerá eternamente. Se um homem não permanece em Cristo, ele é lançado fora como um galho e torna-se sem vida. A Bíblia é bem clara nesse sentido: se a graça se foi, não há segurança. "O sal é certamente bom; caso, porém, se torne insípido, como restaurar-lhe o sabor? " (Lucas 14:34).

"É impossível, pois, que aqueles que uma vez foram iluminados, e provaram o dom celestial, e se tornaram participantes do Espírito Santo, 5e provaram a boa palavra de Deus e os poderes do mundo vindouro, 6e caíram, sim, é impossível outra vez renová-los para arrependimento, visto que, de novo, estão crucificando para si mesmos o Filho de Deus e expondo-o à ignomínia." (Hebreus 6:4-6).

Se fosse possível à obra da graça fracassar plena e totalmente em qualquer homem, não haveria solução nesse caso, uma vez que o melhor recurso, nessa hipótese, foi experimentado e falhou.

Se o Espírito Santo de fato regenerou a alma, e, contudo, essa regeneração não a salvou da completa apostasia, o que pode ser feito? Existe algo chamado "novo nascimento"; entretanto, não há algo do tipo nascer de novo e novamente tornar a nascer.

A regeneração é definitiva: não pode ser repetida. A Bíblia não menciona nem faz alusão a algo contrário. Se os homens foram lavados no sangue de Jesus e renovados pelo Espírito Santo, e este processo sagrado não surtiu efeito, não há mais nada a fazer.

Quando as coisas velhas passaram e todas as coisas se fizeram novas, é possível imaginar que elas tornarão a ficar velhas?

Nenhum homem pode, portanto, dizer: "Apesar de voltar ao meu velho pecado, e deixar de orar, ou de arrepender-me, ou de crer, ou de ter qualquer vida de Deus em mim, contudo, estarei salvo porque outrora fui cristão". De nenhuma forma, seu ímpio!

O texto não diz: "Para que sejam salvos apesar de terem se apartado de mim"; mas: "Para que nunca se apartem de mim", o que é muito diferente. Ai daqueles que se apartam do Deus vivo! Pois devem perecer, e, com eles, nenhuma aliança de paz foi feita.

Tampouco esta perseverança dos santos acontece pela remoção da tentação. Não está escrito: "Vou colocá-los onde não serão tentados; vou lhes dar o sustento suficiente de modo que não sejam tentados pela pobreza e, ao mesmo tempo, nunca serão tão abastados para que não conheçam as tentações da riqueza". De forma nenhuma! O Senhor não tira Seu povo do mundo; no entanto, Ele permite que Seus filhos lutem pela vida no mesmo campo de batalha que os outros. Ele não nos livra do conflito, mas nos dá a vitória (1 Coríntios 15:57).

Somos tentados como foi nosso Senhor; entretanto, temos à disposição um caminho de escape. Nosso coração está propenso a desviar-se do caminho, e não estamos livres de vê-lo fora do possível desvio. Contudo, o que está escrito é o seguinte: "Para que nunca se apartem de mim".

Que bendita convicção! Eles podem ser tentados, mas não serão vencidos. Embora cometam alguns pecados, contudo não pecaram no sentido de se apartarem de Deus. Eles ainda se apegarão a Ele e viverão em Cristo por causa da habitação interior do Espírito Santo.

Como, então, eles são preservados? Bem, não é como alguns falsamente dizem, como se esta fosse a nossa pregação: "Que o homem que se converteu viva como bem quiser". Nunca dissemos isso nem jamais pensamos dessa forma.

O homem que se converteu não pode viver como bem deseja; ou, melhor, ele é tão transformado pelo Espírito Santo que, se pudesse viver como bem quisesse, jamais pecaria, mas levaria uma vida completamente perfeita.

Quão profundamente desejamos permanecer limpos de todo pecado! Não oramos para que os homens possam se apartar de Deus e, contudo, viver, mas para que nunca se apartem dele.

Essa oração é respondida *quando eles colocam um princípio divino em seu coração*. O Senhor diz: "Porei o meu temor no seu coração". Esse temor jamais seria encontrado se Deus não o tivesse colocado ali. Jamais nasceria em qualquer coração de forma natural.

"Porei o meu temor no seu coração"; ou seja, a regeneração e a conversão. Ele nos faz tremer diante de Sua lei. Ele nos faz sentir a dor aguda e o amargor do pecado. Faz com que nos lembremos do Deus que outrora esquecemos e obedeçamos ao Senhor a quem antes desprezávamos.

A expressão "porei o meu temor no seu coração" constitui o primeiro grande ato da conversão e é algo que continua por toda a vida por meio da constante obra do Espírito no coração. A obra iniciada na conversão é devidamente realizada naqueles que se converteram, pois o Senhor ainda põe o Seu temor no coração deles.

Não podemos dizer como se dá a obra do Espírito de Deus — Ele tem maneiras de agir diretamente em nossa mente que são todas típicas dele e não podem ser compreendidas por nós. Contudo, sem violar a liberdade de nossa natureza, deixando-nos na posição de homens como éramos outrora, Ele sabe como agir para que continuemos no Seu temor. Esta é a grande ferramenta usada por Deus para segurar Seu povo: "Porei o meu temor no seu coração".

O que é esse temor de Deus? Primeiro, é um *medo santo* do grande Deus e uma reverência a Ele. Ensinados por Deus, chegamos a ver Sua infinita grandeza e o fato de que Ele está presente em todos os lugares conosco; e, então, cheios de uma percepção devota de Sua Divindade, não ousamos pecar. Uma vez que Deus está perto, não podemos cometer transgressões.

As palavras "o meu temor" também significam *temor de filho*. Deus é nosso Pai e, com isso, sentimos o espírito de adoção, por meio do qual clamamos: "Aba, Pai". Este amor puro de filho incita em nós um temor de entristecer Aquele a quem amamos e, consequentemente, não temos desejo de apartar-nos dele.

Move-se em nosso coração um sentimento profundo de *uma grata obrigação*. Como posso pecar se Deus é tão bom para mim? Como posso fustigá-lo se Ele me ama tanto? Ele me concede tantos favores dia após dia que não posso fazer aquilo que é contrário à Sua vontade.

Você já recebeu a melhor parte e a misericórdia especial? Isso muitas vezes cabe a mim; e quando as lágrimas brotaram em meus olhos diante de tamanho favor, senti que se a tentação aparecesse, ela viria em um momento em que eu não teria coração, nem olhos nem ouvidos para ela.

A gratidão fecha a porta que permite a entrada do pecado. O grande amor recebido lança por terra grande parte da tentação. Nosso clamor é: "O Senhor me cobre com Seu amor; Ele me permite ter uma comunhão íntima e preciosa com Ele. Como posso cometer esta terrível maldade e pecar contra Deus?".

Amados por Ele de um modo tão especial, e unidos a Ele por uma aliança eterna, como podemos afrontar um amor tão maravilhoso? De fato, não podemos ter prazer em ofender um Deus tão gracioso; contudo, é nossa alegria cumprir Seus mandamentos, ouvindo a voz de Sua Palavra.

Veja, essa perseverança dos santos é a perseverança na santidade: "Para que nunca se apartem de mim". Se a graça de Deus de fato transformou sua vida, você sofreu uma mudança radical e permanente. Se você foi a Cristo, Ele não lhe ofereceu um simples copo de água da vida, mas disse: "a água que eu lhe der será nele uma fonte a jorrar para a vida eterna " (João 4:14).

A obra realizada na regeneração não é passageira — uma obra por meio da qual o homem é reformado por um tempo; entretanto, é uma obra eterna, por meio da qual o homem nasce para o Céu. Há uma vida implantada por meio do novo nascimento, a qual não pode morrer, pois é uma semente viva e incorruptível, que vive e permanece para sempre. A graça continuará a operar no homem até levá-lo à glória.

Se há algo diferente daquilo que tenho dito, não posso evitá-lo; contudo, peço que não seja diferente do texto bíblico, pois as Escrituras não podem ser violadas. Está escrito: "Porei o

meu temor no seu coração, para que nunca se apartem de mim".
Lembre-se: "Para que nunca se apartem de mim".

Mas, se você perguntar: "Qual o meio usado por Deus para preservar esse temor no coração de Seu povo?", minha resposta será: pela obra do Espírito de Deus; contudo, *o Espírito Santo normalmente opera de várias formas*. O temor de Deus é mantido vivo em nosso coração por ouvirmos a Palavra, pois a fé vem pelo ouvir, e o temor santo vem pela fé.

Seja diligente, portanto, em ouvir a Palavra. Esse temor é mantido vivo em nosso coração por meio da leitura das Escrituras, pois, à medida que nos alimentamos da Palavra, esse temor de Deus, que é o princípio da sabedoria, sopra dentro de nós.

Esse temor de Deus é mantido em nós pela fé na verdade revelada e, depois disso, pela meditação. Estude as doutrinas da graça e seja instruído na analogia da fé. Conheça perfeitamente o Evangelho, e isso inflamará o fogo do temor de Deus em seu coração.

Ore muito em secreto, pois isso atiça o fogo e faz com que ele queime com maior intensidade.

Por fim, procure viver perto de Deus para que permaneça nele, pois, à medida que permanecer nele e Suas palavras permanecerem em você, você produzirá muitos frutos e, assim, será Seu discípulo.

Considero essa preciosa doutrina da perseverança dos santos como algo bastante frutífero. Não faz muito tempo, em uma noite de quinta-feira, preguei essa doutrina com toda a veemência, e muitos foram consolados por ela; mas, melhor ainda, muitos se dispuseram a pensar e foram levados a voltar a face para Cristo.

Alguns pregam uma doutrina cuja porta é larga; no entanto, ela não consiste em outra coisa senão nessa porta, e quando você passa por ela, não há nada; você não se sente mais seguro do que se sentia lá fora. A ovelha não tem pressa para entrar onde não há pasto.

Alguns consideraram estreita minha doutrina, embora eu esteja certo de que não é; entretanto, se a porta parecesse estreita, se houvesse algo que valesse a pena quando você passasse por ela, muitos procurariam entrar.

Existem tantas bênçãos maravilhosas providas pela aliança da graça que aqueles que são sábios estão ansiosos por obtê-las. "Oh!", alguém diz, "se a salvação é eterna, se esta regeneração significa uma mudança de natureza tal que jamais pode ser desfeita, eu quero tê-la! Se a salvação é um simples objeto de metal que se desgastará com o tempo, eu não a quero; mas, se for toda de pura prata, que eu a tenha".

Será que a dádiva da graça torna-nos participantes da natureza divina e faz-nos escapar da corrupção que, por causa da concupiscência, está no mundo (2 PEDRO 1:4)? Então, que a tenhamos. Oro para que possam desejar a salvação, porque ela é a garantia de uma vida de santidade.

A coisa agradável que me levou a Cristo foi esta: cri que a salvação era uma segurança de caráter. De que melhor forma um jovem pode purificar sua vida que não seja a de colocar-se nas santas mãos do Senhor Jesus para que esteja livre de cair? Eu disse: "Se me entregar a Cristo, Ele me salvará de meus pecados". Portanto, entreguei-me a Ele, e Ele me guarda. Como estas palavras soam como música: "Para que nunca se apartem de mim"!

Usemos uma velha ilustração: certifique-se de levar o bilhete durante todo o trajeto. Muitas pessoas apenas creem em Deus para salvá-las por um tempo, enquanto elas se mantiverem fiéis ou enquanto se mantiverem sinceras. Creia em Deus para que Ele o mantenha fiel e sincero por toda a sua vida: leve o bilhete durante todo o trajeto. Receba uma salvação que o proteja de todos os riscos. Não há outro bilhete autorizado emitido pelo escritório senão o bilhete completo. Outros bilhetes são falsificações. Aquele que não pode guardá-lo pela eternidade não pode guardá-lo por um dia. Se o poder da regeneração não perdurar por toda a vida, ele talvez não passe de uma hora.

A fé na aliança eterna movimenta o sangue do meu coração, enche-me de uma agradável alegria, inspira-me a confiar, enche-me de entusiasmo. Jamais poderei abrir mão de minha fé naquilo que o Senhor disse: "Farei com eles aliança eterna, segundo a qual não deixarei de lhes fazer o bem; e porei o meu temor no seu coração, para que nunca se apartem de mim". Que Deus abençoe você, por amor a Cristo! Amém.

4

A VIGILÂNCIA QUE O MINISTRO DEVE TER DE SI MESMO

Tem cuidado de ti mesmo e da doutrina
(1 Timóteo 4:16).

Todo artífice sabe o quanto é necessário manter suas ferramentas em bom estado, pois "Se o ferro está embotado, e não se lhe afia o corte, é preciso redobrar a força" (Eclesiastes 10:10). Se seu enxó perder o corte, o artífice sabe que será obrigado a redobrar seu esforço; do contrário, sua obra sairia mal executada.

Michelângelo[21], o preferido nas belas-artes, compreendia tão bem o importante papel que desempenhavam suas ferramentas que fazia com as próprias mãos suas broxas e pincéis, proporcionando-nos, desse modo, uma ilustração do Deus da graça que, com cuidado especial, molda para Si mesmo todo verdadeiro ministro.

É verdade que o Senhor, como Quentin Matsys[22] na história da cobertura do poço, pode trabalhar com o mais falho tipo de instrumento, como quando Ele faz, ocasionalmente, pregadores muito indoutos serem úteis para a conversão de almas; e Ele até pode operar sem agentes, como faz quando salva homens sem a intervenção de um pregador, aplicando a Palavra diretamente por meio de Seu Espírito Santo.

---

[21]Michelângelo Buonarroti (1475–1564), escultor, pintor, arquiteto, poeta e engenheiro italiano, o mais famoso entre os artistas da Renascença. Embora tenha devotado os últimos 30 anos de sua vida quase que exclusivamente à arquitetura, suas maravilhosas pinturas exercem grande influência e mantêm-se como obras-primas supremas da história da arte.
[22]Ocasionalmente citado por Spurgeon, Matsys (Metsys, Metsijs ou Massys, c. 1466–1530) foi um talentoso pintor flamengo, exímio autor de grandes trípticos, retratista e ferreiro que, em Antuérpia (Bélgica), após seus companheiros de trabalho terem-lhe tirado todas as ferramentas, deixando-lhe apenas uma lima e um martelo, fez a maravilhosa cobertura para o poço da catedral dessa cidade, conhecido como "poço de Quinten Metsijs", que é considerada uma das mais belas obras da arte de trabalhar o metal.

Entretanto, não podemos considerar os atos soberanos e absolutos de Deus como regra para nossas ações. Ele pode, em Seu próprio poder absoluto, agir como melhor Lhe apraz; mas nós devemos agir segundo nos ensinam Suas mais claras dispensações. E um dos fatos mais palpáveis é que o Senhor normalmente adapta os meios aos fins, nos quais nos dá a lição de que é natural que Ele opere com maior êxito quando estivermos em melhor condição espiritual.

Em outras palavras, normalmente faremos melhor a obra de nosso Senhor quando nossos dons e graças estiverem em boa ordem; do contrário, faremos pior a obra. Essa é uma verdade prática para nossa orientação. Quando o Senhor faz exceções, elas não fazem outra coisa senão provar a regra.

De certo modo, somos nossos próprios instrumentos e, por conseguinte, devemos conservar-nos em bom estado. Se meu desejo é pregar o Evangelho, resta-me apenas usar minha própria voz; portanto, devo educar minhas capacidades vocais. Eu posso pensar apenas com meu cérebro e sentir com meu coração; para isso, consequentemente, devo educar minhas faculdades intelectuais e emocionais.

Eu só posso chorar e desfalecer pelas almas em minha própria natureza renovada; por conseguinte, devo preservar atentamente a ternura que havia em Cristo Jesus. Em vão será prover minha biblioteca, organizar sociedades ou desenvolver projetos se negligenciar minha própria cultura; pois livros, atividades e sistemas são apenas remotamente os instrumentos de meu santo chamamento.

Meu próprio espírito, minha alma e meu corpo constituem meu maquinário mais imediato para realizar a santa obra; minhas faculdades espirituais e minha vida interior são meu machado e minhas armas de guerra.

McCheyne[23], ao escrever para um amigo de ministério em viagem com o objetivo de aperfeiçoar-se na língua alemã, usou uma linguagem idêntica à nossa:

Sei que você se aplicará com todo empenho ao alemão, mas não se esqueça da cultura do homem interior, ou seja, do coração. Com que diligência o cavaleiro mantém seu sabre limpo e afiado; ele limpa toda mancha com o maior cuidado. Lembre-se de que você é a espada de Deus, Seu instrumento — espero que seja um vaso escolhido na presença dele para levar Seu nome. Em grande medida, segundo a pureza e a perfeição do instrumento será o êxito. Os grandes talentos não bendizem tanto Deus como a semelhança com Jesus. Um ministro santo é uma arma poderosa nas mãos de Deus.

Para o arauto do evangelho, ser espiritualmente imperfeito em sua própria pessoa é, tanto para ele mesmo como para sua obra, uma verdadeira calamidade; e, contudo, como é fácil produzir esse mal! Quanta atenção se necessita para preveni-lo!

Viajando um dia de trem de Perth a Edimburgo, vimo-nos inesperadamente impedidos de continuar a viagem por conta de um muito pequeno parafuso quebrado em um dos dois motores que, quase sempre, constituem as locomotivas usadas em estradas

---

[23] Robert Murray McCheyne (1813–1843), pregador, nascido em Edimburgo (Escócia). Raramente pregava fora de sua terra natal. Não escreveu obras, mas suas mensagens foram reunidas em livros. Sua saúde era extremamente frágil. Entretanto, o impacto do "profeta de Dundee", como era conhecido, permanece até hoje. Relatos históricos contam que toda a Escócia foi abalada por sua pregação e chorou por sua morte.
(Uma biografia mais completa de McCheyne pode ser encontrada em nosso site: www.editoradosclassicos.com.br)

de ferro — ele havia quebrado! E quando o trem voltou a movimentar-se, fomos obrigados a avançar ao impulso de um único pistão, em vez de dois. Apenas um pequeno parafuso havia se quebrado, e, se esse estivesse em seu lugar, o trem teria andado normalmente pela estrada de ferro; entretanto, a ausência dessa insignificante peça de ferro prejudicou todo o conjunto.

Diz-se que um trem teve de parar em uma das estradas de ferro dos Estados Unidos por causa de insetos nas caixas de graxa das rodas dos vagões.

A analogia é perfeita: um homem, preparado em todos os sentidos para ser útil, pode, por algum pequeno defeito, sentir-se um verdadeiro estorvo ou até reduzir-se a um estado absoluto de incapacidade. Esse resultado é de longe o mais grave, por estar relacionado ao evangelho, que, no sentido mais elevado, está adaptado para efetuar os melhores resultados.

É terrível quando o bálsamo perde sua eficácia em virtude da incompetência de quem o administra. Todos nós conhecemos os efeitos prejudiciais que, com frequência, são produzidos na água que passa por encanamentos de chumbo; de igual modo, o próprio evangelho, ao fluir por homens que não têm saúde espiritual, pode perder seu mérito e até tornar-se prejudicial para seus ouvintes.

É de temer que a doutrina calvinista torne-se o ensinamento mais pernicioso quando apresentada por homens de vida pecaminosa e exposta como se fosse um pretexto para a licenciosidade; e o arminianismo, por outro lado, com sua amplitude de oferta da misericórdia, pode causar um sério prejuízo à alma humana se o tom descuidado do pregador levar seus ouvintes a crer que podem arrepender-se sempre que quiserem, e que, consequentemente, nenhuma urgência há em acatar a mensagem do evangelho.

Além disso, quando o pregador é pobre em graça, qualquer bem duradouro que possa ser o resultado de seu ministério normalmente será medíocre e completamente desproporcional em relação àquilo que poderia ter sido esperado. Uma grande semeadura será seguida por uma pequena colheita; o interesse pelos talentos será desprezivelmente pequeno. Em dois dos três combates perdidos na última guerra americana, diz-se que o resultado deveu-se à terrível qualidade da pólvora distribuída por certos fornecedores "falsários" do Exército, de modo que essa foi a causa de não se obter o efeito esperado de um canhão. O mesmo pode acontecer conosco. Podemos perder nossa marca, perder nosso objetivo e nosso alvo e desperdiçar nosso tempo por não termos a verdadeira força vital dentro de nós mesmos ou por não tê-la em determinado grau que permita a Deus abençoar-nos de modo consistente. Cuidado para não ser um pregador "falsário".

Um de nossos principais cuidados deve ser que nós mesmos sejamos homens salvos que um pregador do evangelho seja, em primeiro lugar, um participante dele é uma verdade simples, mas, ao mesmo tempo, uma regra da maior importância. Não estamos entre aqueles que aceitam a sucessão apostólica[24] dos jovens simplesmente porque esses pretendem tê-la; se a experiência acadêmica deles tem sido mais ativa do que espiritual, se seus títulos se devem mais a exercícios atléticos do que a obras por Cristo, necessitamos de evidências de gênero diferente do que as que podem apresentar-nos. Por maiores que sejam os honorários pagos aos mais sábios doutores, e por maiores que sejam os conhecimentos recebidos em troca, não

---

[24] Ensinamento segundo o qual, em certos grupos cristãos, há uma sucessão ininterrupta de ministros ordenados desde e pelos primeiros apóstolos.

temos, com isso, uma evidência de que sua vocação tenha vindo do alto. A verdadeira e sincera devoção é necessária como o primeiro requisito indispensável; seja qual for o "chamado" que um homem finja ter, se ele não tem sido chamado à santidade, certamente não foi chamado para o ministério.

"Atavie-se primeiro a si mesmo e depois adorne seu irmão", dizem os rabinos. "A mão", disse Gregório, "que trata de limpar a outra não deve estar suja". Se o seu sal é insípido, como pode salgar o próximo? A conversão é condição *sine qua non* em um ministro; vocês que aspiram a nossos púlpitos, "importa-vos nascer de novo" (João 3:7). Nem é a possessão dessa primeira qualidade algo que se pode ter como garantido a qualquer homem, pois existe uma grande possibilidade de nos enganarmos quanto a se somos ou não convertidos. Creia-me, "confirmar a vossa vocação e eleição" (2 Pedro 1:10) não é um jogo de crianças. O mundo está repleto de impostores e de sedutores que exploram a presunção carnal, que se juntam ao redor de um ministro como fazem os urubus em volta da carniça. Nosso próprio coração é enganoso, de modo que a verdade não está na superfície, mas deve ser extraída de seu mais profundo poço. Devemos examinar a nós mesmos com muito cuidado e muita perfeição para que, de forma alguma, depois de termos pregado para outros, nós mesmos sejamos desqualificados (1 Coríntios 9:27).

Terrível é ser um pregador do Evangelho e, no entanto, não ser convertido! Que cada um diga em secreto para sua própria alma no íntimo: "Que terrível será para mim ser ignorante com relação ao poder da verdade para a qual estou me preparando para anunciar!". O ministério sem conversão envolve em si a mais patente contradição. O pastor destituído de graça é semelhante a um cego eleito para uma cátedra de óptica, que filosofa sobre a luz e a visão, discursa sobre esse tema e distingue para os outros as belas sombras e delicadas matizes das cores do prisma, embora ele mesmo esteja mergulhado na total escuridão! É um mudo promovido à cátedra de música; um surdo fluente em sinfonias e harmonias! É uma toupeira que admite educar filhotes de águia; um mexilhão eleito presidente de anjos.

A uma suposição como essa podem-se aplicar as mais absurdas e grotescas metáforas, a menos que o assunto não fosse tão solene. É uma posição espantosa na qual se coloca um homem que se compromete com uma obra para a qual está inteira e absolutamente desqualificado; contudo, sua incapacidade não o exime de responsabilidades, uma vez que deliberadamente se propôs a assumi-las. Independentemente de seus talentos naturais e faculdades mentais, ele estará totalmente desqualificado para a obra espiritual se não tiver vida espiritual; e, nesse caso, é seu dever deixar suas funções ministeriais enquanto não adquirir a primeira e mais simples das qualidades que se fazem necessárias.

O ministro não convertido assume um caráter igualmente terrível em outro aspecto. Se ele não recebeu a comissão, que triste será a posição que terá de ocupar! O que ele pode ver na experiência de seu povo capaz de consolá-lo? O que será que sente ao ouvir os lamentos dos penitentes ou suas ansiosas dúvidas e solenes temores? É natural que se admire ao pensar que suas palavras foram apropriadas para conseguir tal fim!

A palavra de um homem não convertido pode ser uma bênção para a conversão de almas, uma vez que o Senhor, embora rejeite a um homem semelhante, contudo honrará Sua própria verdade. Quão perplexo esse homem deve sentir-se ao ser consultado com relação às dificuldades que se apresentam aos cristãos maduros! Deve achar-se um tanto perdido no campo da experiência, para o qual são levados seus ouvintes regenerados. Como poderá ouvir as alegrias desses cristãos no leito de morte ou unir-se a eles em seus entusiastas regozijos quando se juntam ao redor da mesa de seu Senhor?

Acontece que, em muitos casos, os jovens destinados a um ofício que não corresponde a seu caráter fogem para o mar, em vez de continuar em atividades enfadonhas para eles; mas para onde fugirá aquele que comprometeu toda a sua vida com esse santo chamado e que é, contudo, um completo estranho ao poder da piedade? Como poderá atrair diariamente os homens a Cristo se ele mesmo desconhece Seu ardente amor? Esta deve ser, seguramente, uma escravidão perpétua! Esse homem deve odiar a visão de um púlpito tanto quanto um galeote odeia o remo.

E quão inútil deve sentir-se. Ele tem de conduzir peregrinos ao longo de uma estrada em que jamais pisou, navegar em um navio ao longo de uma costa na qual não conhece nenhum porto! É chamado a instruir outros, sendo ele mesmo um néscio. O que ele pode ser senão uma nuvem sem chuva, uma árvore com apenas folhas. O que ocorre no deserto a uma caravana em que todos que a formam têm sede e estão prontos para morrer sob o sol escaldante, e, horror dos horrores!, ao chegar a uma fonte há muito desejada, encontram-na sem uma gota de água, é o que acontece quando almas sedentas por Deus procuram um ministro que carece de graça, pois estão prontas para perecer porque não encontram a água da vida. Melhor é abolir os púlpitos do que enchê-los de homens que não têm o conhecimento experimental do que ensinam.

Meu Deus! O pastor não regenerado torna-se também terrivelmente prejudicial, pois, dentre todas as causas que causam infidelidade, os ministros ímpios devem aparecer entre as primeiras. Li, certo dia, que nenhuma fase do mal mostrava um poder tão maravilhoso de destruição como o ministro não convertido de uma paróquia, que contava com um órgão de grandíssimo valor, um coro de cantores profanos e uma congregação aristocrática. Segundo a opinião do escritor, era impossível haver um instrumento tão eficaz como esse para a condenação ao inferno.

As pessoas vão ao local de adoração, sentam-se confortavelmente e pensam que são cristãs, quando a única coisa em que consiste sua religião é em ouvir um orador, com os ouvidos instigados pela música e, talvez, os olhos distraídos com os gestos graciosos e modos elegantes; a coisa toda não é melhor do que aquilo que ouvem e veem na ópera — não tão bom talvez na questão da beleza estética, nem um átomo mais espiritual.

Milhares são os que se felicitam a si mesmos e até bendizem a Deus por serem cristãos devotos, quando, ao mesmo tempo, vivem na condição de pessoas não regeneradas sem Cristo, tendo a forma de piedade, mas negando seu poder. Aquele que preside uma estrutura que não visa a nada mais importante do que o formalismo está mais para servo do diabo do que para ministro de Deus.

Um pregador formal é prejudicial, embora preserve seu equilíbrio exterior; porém, uma vez que não preserva o equilíbrio da piedade, mais cedo ou mais tarde é quase certo que cometerá um deslize em seu caráter moral — e em que posição ele se encontra! Como Deus é blasfemado, e o evangelho, insultado!

Terrível é pensar no que a morte reserva para esse homem e em qual será sua condição eterna! O profeta descreve o rei da Babilônia descendo ao inferno, e todos os reis e príncipes — aos quais ele destruiu e cujas capitais foram devastadas por ele — levantando-se de seus lugares no Pandemônio[25] e saudando o tirano decaído com total sarcasmo: "Tu também, como nós, estás fraco? E és semelhante a nós?" (Isaías 14:10).

Você não consegue imaginar um homem que tenha sido um ministro, mas tenha vivido sem a sede em seu coração, descendo ao inferno, e todos os espíritos aprisionados que costumavam ouvi-lo, e todos os ímpios de sua paróquia levantando-se e dizendo-lhe com uma voz mordaz: "És também semelhante a nós? Médico, não te curaste? Foste tu, que afirmavas ser um raio de luz, lançado nas trevas para sempre?". Se alguém tiver de se perder, que não seja desse modo! Perder-se sob a sombra de um púlpito é terrível, porém muito mais terrível é perecer no próprio púlpito!

Há uma surpreendente passagem no tratado de John Bunyan[26], intitulado *Sighs from Hell* (Visões do Inferno), que sempre ressoa em meus ouvidos:

> Quantas almas foram destruídas por ministros sem visão por causa de sua ignorância? Sua pregação não foi melhor para as almas do que o veneno para o corpo. Muitos deles, é de temer, responderão por cidades inteiras. Ah! amigo, eu lhe digo: você que assumiu a responsabilidade de pregar

---

[25] Nome imaginado pelo poeta inglês Milton (1608–1674) para referir-se ao Inferno.
[26] John Bunyan (1628–1688), pregador e autor inglês nascido em Elstow. A leitura de vários livros religiosos e o constante estudo bíblico intensificaram sua fé. Suas primeiras obras foram escritas durante os 12 anos em que passou na prisão – destacando-se o clássico *O Peregrino* (Publicações Pão Diário, 2018) —, preso por não ter licença para fazer pregações.

para o povo, talvez tenha assumido algo sobre o qual não possa falar. Não lhe causará sofrimento ver toda a paróquia segui-lo para o inferno, exclamando: "Somos-lhe gratos por isso; você teve medo de falar-nos de nossos pecados, para que não colocássemos carne rápido demais em sua boca. Ó perverso maldito, que não se contentou, um guia cego como era, em cair sozinho no buraco, como também teve de levar-nos com você.

Richard Baxter, em *Manual pastoral de discipulado*[27] (Ed. Cultura Cristã, 2015) em meio a muitos outros assuntos sérios, escreve o seguinte:

Atentem que não estejam vazios da mesma graça salvadora de Deus que oferecem a outros, alheios à operação efetiva do evangelho que pregam, para que, enquanto proclamam ao mundo a necessidade de um Salvador, seu próprio coração não seja negligenciado e acabem perdendo o interesse no próprio Senhor e em sua obra. Cuidem que não pereçam, morrendo de fome enquanto preparam o alimento para o povo.

A promessa de que aqueles que conduzem muitos à justiça seriam como estrelas fulgentes (Daniel 12:3) pressupõe que tais condutores já tenham sido feitos justos. Considerando de maneira simples, a sinceridade de sua fé e condição contingente de sua glória, embora o labor ministerial contenha uma promessa de glória ainda maior.

---

[27] p. 36-37.

Muitos têm advertido a outros acerca do perigo de caminhar para o lugar de tormento enquanto eles mesmos correm para a perdição. Muitos pregadores que, inúmeras vezes, conclamaram os seus ouvintes a cuidarem diligentemente para fugir do inferno, hoje lá se encontram. Seria possível a alguém razoável imaginar que Deus o salve com base na sua obra de pregação a outros, enquanto recusa a salvação para si mesmo e enquanto profere a verdade que ele próprio negligencia e abusa?

Há alfaiates que, costurando roupas finas a outros, andam eles mesmos maltrapilhos. Há cozinheiros que sequer lambem os dedos enquanto servem os mais ricos pratos. Acreditem, irmãos, Deus jamais salvou um pregador com base no seu trabalho ou por causa de sua habilidade na pregação, mas sim com base na obra de justificação e santificação de Cristo, em cuja graça o cristão permanece fiel.

Portanto, cuidem que suas vidas sejam coerentes com aquilo de que desejam convencer os seus ouvintes; creiam nas coisas sobre as quais desejam persuadir a outros; e acolham ardorosamente o Salvador ao qual se propõem oferecer. Aquele que ordena que nos amemos uns aos outros como a nós mesmos deixa claro que não deveríamos competir entre nós e nos destruirmos mutuamente.

Meus irmãos, que essas importantes frases surtam o devido efeito em sua vida. Certamente, não há necessidade de acrescentar mais nada; no entanto, deixe-me convidá-lo a examinar-se a si mesmo e, assim, fazer bom uso disso que lhe está sendo dirigido.

Uma vez apresentado o primeiro ponto da verdadeira religião, *é da máxima importância ao ministro que sua piedade seja vigorosa.*

O ministro não deve se contentar em ser igual à classe e rol de cristãos; é preciso que seja um cristão maduro e desenvolvido, pois o ministério de Cristo tem sido de fato conhecido como "o mais escolhido de Sua escolha, o eleito de Sua eleição, uma igreja que se distingue da 'Igreja'". Se ele fosse chamado para um cargo comum, e para uma obra comum, talvez a graça comum pudesse satisfazê-lo, por mais que fosse, então, uma indolente satisfação; contudo, sendo eleito para obras extraordinárias e chamado para uma posição de risco incomum, ele deve estar ansioso por possuir essa força superior que tão somente é adequada para sua posição. Seu pulso de vital devoção deve bater forte e com regularidade; sua visão de fé deve ser viva; seu pé de resolução deve ser firme; sua mão de atividades deve ser ágil; a totalidade de seu homem interior deve estar no grau mais alto da sanidade.

Diz-se que os egípcios escolhiam seus sacerdotes dentre seus filósofos mais versados e, por conseguinte, consideravam-nos em tão alta estima que escolhiam seus reis dentre eles. Exigimos que os ministros de Deus sejam os melhores dentre toda a hoste cristã; se a nação quisesse reis, nada seria melhor do que elevar esses homens ao trono. Nossos homens mais fracos, mais tímidos, mais carnais e menos equilibrados não são candidatos adequados para o púlpito.

Há algumas obras que jamais deveríamos confiar aos inválidos ou disformes. É possível a um homem não estar qualificado para escalar prédios imponentes, seu cérebro pode ser extremamente fraco e essa sublime proeza poderia colocá-lo em grande perigo; não há dúvida de que ele deve continuar com os pés firmes no chão e encontrar uma ocupação útil onde um cérebro resoluto seja menos importante. Há irmãos que têm deficiências espirituais análogas; eles não podem ser chamados a uma obra que seja conspícua e elevada, porque sua cabeça é extremamente fraca. Se lhes fosse possível ter êxito, ainda que pequeno, embriagar-se-iam de vaidade — um vício extremamente comum entre ministros e, de todas as coisas, o menos adequado a eles e o mais certo a garantir-lhes a queda.

Devemos, como nação, ser chamados a defender nossa terra e lar, mas não devemos mandar nossos meninos e meninas com espadas e armas para enfrentar o inimigo, nem a Igreja pode enviar todo novo convertido eloquente ou fanático inexperiente para pelejar pela fé. O temor do Senhor deve ensinar sabedoria ao jovem; do contrário, ele estará impedido de exercer o pastorado; a graça de Deus deve amadurecer seu espírito; do contrário, seria melhor ele esperar até que o poder do alto lhe fosse dado.

O caráter moral mais elevado deve ser diligentemente mantido. Muitos, que não passam de simples membros, estão desqualificados para cargos na igreja. Defendo opiniões bastante rígidas com relação a cristãos que caíram em pecado grosseiro; alegro-me por poderem de fato se converter e receber esperança e exortação na igreja; porém, pergunto com seriedade se um homem que tenha cometido um grave pecado deve ser de pronto recolocado no púlpito. Como observa John Angell James:[28]

---

[28]Teólogo dissidente inglês, nascido em Blandford, Dorsetshire (1785–1859), autor do livro *The Christian Father's Present to His Children (O presente dos pais cristãos para seus filhos).*

Quando um pregador da justiça coloca-se no caminho dos pecadores, ele nunca deve abrir novamente os lábios na grande congregação até que seu arrependimento seja tão notório quanto seu pecado.

Que aqueles que foram ceifados pelos filhos de Amom permaneçam em Jericó até que sua barba cresça (2 Samuel 10:1-5). Essas palavras foram muitas vezes usadas para insultar rapazes imberbes aos quais, evidentemente, não se aplicam; trata-se de uma metáfora bastante adequada para homens sem honra e sem caráter, seja qual for sua idade. Meu Deus! Uma vez aparada a barba da reputação, é difícil que cresça novamente.

A imoralidade pública, em muitos casos, por maior que seja o arrependimento, é um indício fatal de que as graças ministeriais jamais se fizeram presentes no caráter do homem. A esposa de César deve estar acima de qualquer suspeita, e não deve haver rumores hediondos quanto à inconsistência ministerial no passado; do contrário, a esperança de proveito será fraca. Se colocados na Igreja por Deus, esses caídos devem ser acolhidos. Minha dúvida não diz respeito a essa questão, mas se Deus já os colocou na Igreja, e creio que não devemos ter pressa para recolocar no púlpito homens que, tendo sido uma vez tentados, provaram ter uma graça extremamente pequena para passar no teste crucial da vida ministerial.

Para realizar alguma obra, não escolhemos outra pessoa senão a que é forte; e quando Deus nos chama para a obra ministerial, devemos nos empenhar para receber graça para que possamos ser fortalecidos na capacidade de exercer nossa posição, e não sermos meros principiantes levados pelas tentações de Satanás, para prejuízo da igreja e nossa própria ruína. Devemos nos guarnecer de toda a armadura de Deus, prontos para realizar feitos de valor que não se espera de outros: para nós, abnegação, desinteresse com nós mesmos, paciência, perseverança, longanimidade devem ser virtudes do dia a dia, e quem é suficiente para essas coisas? Precisamos viver bem próximos de Deus caso sejamos aprovados para o exercício de nossa vocação.

Lembre-se: como ministro, toda a sua vida, principalmente sua vida pastoral, será afetada pelo vigor de sua piedade. Se seu zelo é fraco, você não orará bem no púlpito, orará pior quando estiver em família e pior ainda no estudo individual. Quando sua alma não produz frutos, seus ouvintes, sem saber como ou por que, percebem que suas orações em público são pouco interessantes para eles; eles sentem sua esterilidade, antes de você mesmo percebê-la. Suas pregações logo denunciam sua decadência.

Você pode selecionar bem as palavras e montar frases bem ordenadas como antes; entretanto, há uma perda perceptível da força espiritual. Você se abalará como acontecera em outras vezes, como aconteceu com Sansão, mas descobrirá que sua grande força se foi. Em sua comunhão diária com seu rebanho, ele não demorará a perceber a completa decadência de suas virtudes. Olhos atentos verão os cabelos grisalhos aqui e ali muito antes de você. Deixe um homem ser atormentado por uma moléstia no coração e todos os males se concentrarem nele e seu estômago, pulmões, vísceras e músculos e todos os seus nervos sofrerão; do mesmo modo, deixe um homem ter seu coração enfraquecido nas coisas espirituais e logo sua vida sentirá essa influência definhadora.

Além disso, como consequência de sua própria decadência, todos os seus ouvintes sofrerão em maior ou menor grau;

os fortes entre eles superarão a tendência depressiva, porém os mais fracos serão seriamente prejudicados. Acontece conosco e com nossos ouvintes o mesmo que acontece com os relógios de bolso e o relógio público: se nosso relógio estiver errado, poucas pessoas serão enganadas com ele, além de nós mesmos; mas, se a Guarda Real inglesa ou o Observatório de Greenwich errasse, metade da população londrina perderia a noção de tempo. O mesmo acontece com o ministro; ele é o relógio da paróquia — muitos ajustam as horas de acordo com as indicações dele, e se ele estiver errado, então todos acabam mal, mais ou menos, e ele é, em grande parte, responsável por todos os pecados que ocasiona. Não podemos tolerar essa ideia. Ela não trará uma consideração cômoda para o momento, e, não obstante, deve ser observada de modo que possamos nos prevenir contra ela.

Você deve lembrar também que precisamos ter uma piedade muito vigorosa, pois nosso risco é muito maior do que o dos outros. No geral, nenhuma posição é tão assaltada por tentações como a do ministério. A despeito da ideia popular de que nossa posição é um confortável refúgio contra a tentação, não é menos verdade que nossos perigos são mais numerosos e mais insidiosos do que os dos cristãos comuns. Talvez a nossa posição seja vantajosa no sentido da eminência, mas essa eminência é arriscada, e para muitos o ministério provou ser uma rocha Tarpeia[29].

Se perguntar quais são essas tentações, é possível que o tempo impeça-nos de especificá-las; mas entre elas estão tanto as mais comuns quanto as mais sofisticadas; as comuns referem-se

---

[29]Rochedo íngreme em uma colina de Roma do qual pessoas condenadas por traição ao Estado eram lançadas.

a tentações tais como ceder às indulgências à mesa, que são sobejas entre pessoas hospitaleiras; as tentações carnais, incessantes em rapazes solteiros que se sentem no céu entre uma admirável multidão de moças. Mas, fora isso, sua própria observação logo lhe revelará milhares de armadilhas, a menos que, de fato, seus olhos estejam vendados.

Existem armadilhas mais ocultas que essas, das quais temos poucas chances de escapar; e, dentre elas, a pior é a tentação de ser ministerialista — a tendência de ler nossa Bíblia como um ministro, de orar como um ministro, de fazer todas as coisas relacionadas à nossa religião não como nós mesmos de forma pessoal, mas apenas como pessoas relativamente preocupadas com ela. Perder a personalidade do arrependimento e da fé é de fato uma perda. "Nenhum homem", diz John Owen[30], "prega um bom sermão para os outros se não pregá-lo primeiro para seu próprio coração". É extremamente difícil seguir essa orientação. Nosso ofício, em vez de servir de auxílio para nossa devoção, como um alicerce, transforma-se, mediante a maldade de nossa natureza, em um de seus mais sérios obstáculos; pelo menos, é o que penso.

Como lamentamos e lutamos contra o oficialismo, e, não obstante, como ele facilmente envolve-nos, como uma longa vestimenta que se enrola nos pés de um corredor e o impede de correr! Cuidado com esta e outras tentações que aparecem em seu chamamento; e se é isso que tem feito até agora, continue a vigiar até o último momento de sua vida.

---

[30]Teólogo e prolífico escritor puritano nascido em Elstow, Inglaterra (1616–1683). Foi levado como capelão para a Irlanda e Escócia e apontado (1651) como deão da Christ Church, Oxford, e vice-chanceler (1652) da universidade. Seus escritos incluem obras literárias de cunho devocional e tratados contra o arminianismo e o socinianismo.

Observamos apenas um dos perigos, mas, na realidade, eles são uma legião. O grande inimigo da alma tem o cuidado de mover céus e terra para conseguir a ruína do pregador.

"Tomem cuidado de si mesmos", diz Baxter, "porque o tentador os afligirá mais do que a outros homens. Se forem realmente líderes contra o príncipe das trevas, os senhores estarão mais propensos à tentação. Cairiam de vez, se Deus não restringisse o poder do mal. O diabo ataca com maior crueldade aqueles que estão envolvidos na luta contra o seu reino. Ele odeia Cristo Jesus — o nosso comandante, o capitão da nossa salvação [Hb 2:10] — mais do que qualquer de nós, e faz tudo para atacar seu Reino. Ele pretende atingir os oficiais comandados por Jesus mais do que os soldados comuns, porque sabe o que acontece quando um líder cai ante os olhos de seus seguidores. Essa tem sido sua estratégia, isto é, abater os pastores, sem escolher a grandes ou pequenos, a fim de espalhar o rebanho. Tão bem-sucedido tem sido em seu propósito, que continua atacando sempre e como consegue.

Portanto, irmãos, cuidem de si mesmos, pois o inimigo está à espreita, pronto para atacar com sutis insinuações, incessantes solicitações e choques violentos. Por mais que sejam sábios e entendidos, cuidem para não cair em suas ciladas. O diabo é mais escolado elo que os senhores e argumenta com maior habilidade: ele pode se transformar em anjo de luz para tentar, enganar e fazê-los tropeçar sem que se deem conta. Ele age com impostura diante da falta de discernimento e trapaceia diante da fraqueza da fé e da ingenuidade.

Os senhores sequer perceberão que já perderam o embate, pois ele os cegará para a derrota e os fará acreditar que sejam pastores "de sucesso". Não enxergarão o anzol nem a linha, muito menos o sutil pescador que lhes oferece a isca. Esta será de tal forma adequada à sua disposição que os senhores a acharão vantajosa e permitirão ser traídos por seus próprios princípios e inclinações.

Quando os tiver arruinado, o diabo fará de suas vidas, instrumentos para a ruína de muitos. Que grande conquista julgará ter feito se tornar um único ministro em um obreiro preguiçoso e infiel; se conseguir induzir um único pastor à cobiça ou ao escândalo. Satanás se gloriará contra a igreja dizendo: 'Estes são seus santos pregadores! Veja para onde os leva sua autoconfiança'. Ele se gloriará contra o próprio Senhor Jesus, dizendo: 'Estes são os seus principais líderes! Torno abusados os seus principais servos, e infiéis os mordomos de sua casa'.

Se ele assim insultou a Deus com falsa premissa, dizendo que poderia obrigar Jó a amaldiçoar o Senhor, o que poderá fazer quando tiver prevalecido contra os senhores?

No final, ele os insultará tanto que poderá levá-los a falsear a confiança, macular a santa profissão e agir como inimigos de Deus. Não deem tal prazer a Satanás, não façam seu jogo; não permitam que ele os use, tal como os filisteus usaram Sansão, primeiro tirando-lhe a força; depois, os olhos, tornando-o alvo de desprezo e zombaria".[31]

---

[31]Obra citada, p. 55-56.

Mais uma vez: devemos cultivar o grau mais elevado de piedade, pois essa é uma exigência imperativa de nossa obra. A obra do ministério cristão é bem realizada na exata proporção do vigor de nossa natureza renovada. Nossa obra só é bem feita quando condiz com o que nós mesmos somos. Como é o artífice, assim será a obra. Enfrentar os inimigos da verdade, defender os baluartes da fé, reger bem a casa de Deus, consolar todos os que choram, edificar os santos, guiar os perplexos, tolerar os rebeldes, ganhar e alimentar almas — todas essas e milhares de outras obras não são para um Mente-Fraca ou um Prestes-a-Desistir, mas estão reservadas para o Grande-Coração a quem o Senhor fortaleceu para Si mesmo.

Busque, portanto, força Naquele que é Forte, sabedoria Naquele que é Sábio; na realidade, tudo Naquele que é o Deus de todas as coisas.

Em terceiro lugar, é necessário que o ministro tenha cuidado *para que seu caráter pessoal esteja de acordo, em todos os sentidos, com seu ministério.*

Todos nós ouvimos a história do homem que pregava tão bem e levava uma vida tão iníqua que, quando estava no púlpito, todos diziam que ele jamais deveria sair dele, e, quando estava fora dele, todos diziam que jamais deveria tornar a pisar nele. Que o Senhor nos guarde de imitar esse Janes (2 Timóteo 3:8).

Que jamais sejamos sacerdotes de Deus no altar e filhos de Belial do lado de fora do tabernáculo; mas, ao contrário, sejamos, como Nazianzeno[32] disse de Basílio[33], "raios cm nossa doutrina e relâmpagos em nossas conversas". Não confiamos naquelas pessoas que têm duas caras, nem os homens crerão naqueles cujos testemunhos verbal e prático se contradizem. Como as ações, de acordo com o provérbio, falam mais alto do que as palavras, assim uma vida imprópria efetivamente abafará a voz do mais eloquente ministro. Afinal, nossa edificação mais legítima deve ser executada com nossas mãos; nosso caráter deve ser mais persuasivo do que nossas palavras.

Não apenas chamo sua atenção neste ponto quanto aos pecados por comissão, mas quanto aos pecados por omissão. Inúmeros pregadores esquecem de servir a Deus quando estão fora do púlpito; sua vida é desfavoravelmente inconsistente. Seja contrário à ideia de ser um ministro automático que não vive com a graça no íntimo, mas se machuca com influências passageiras; de ser um homem que só é ministro naquele momento, sob a pressão do tempo da ministração, mas deixa de sê-lo quando desce os degraus do púlpito. Os verdadeiros ministros são sempre ministros.

Inúmeros pregadores são como aqueles brinquedos movidos à areia que compramos para nossos filhos; viramos a caixa para baixo e o pequeno acrobata vai de um lado para o outro até toda a areia parar no fundo e, em seguida, ele fica ali pendurado, estático. Do mesmo modo, há alguns que perseveram nas ministrações da verdade contanto que haja uma necessidade oficial de

---

[32] São Gregório Nazianzeno (330-389), nascido em Arianzo, Capadócia. Sua pregação destacou-se especialmente pela defesa da doutrina da Trindade Divina, definida pelo Concílio de Niceia. Nos primeiros anos de sua formação, iniciou sua amizade com Basílio. Ordenado em 362, dedicou os anos seguintes a apoiar seu amigo na luta contra o arianismo. De volta à sua vila natal, passou seus últimos anos consagrado à meditação e à redação de seus escritos doutrinais. Na história do catolicismo, ficou conhecido como um dos três padres capadócios, com São Basílio, o Grande, e São Gregório de Nissa.

[33] São Basílio (330-379), escritor, teólogo, bispo e doutor da Igreja nascido em Cesareia, Capadócia. Destacou-se como defensor da fé, ameaçada pelo arianismo, e foi pioneiro da vida monástica no Oriente. É conhecido como *Magno* em razão de sua intensa atividade pastoral e de seus sermões e escritos em defesa da fé.

seu trabalho; entretanto, depois disso, sem pagamento, não há pai-nosso; sem salário, não há sermão.

É terrível ser um ministro inconsistente. Diz-se que nosso Senhor foi como Moisés; por essa razão, Ele foi "homem profeta, poderoso em obras e palavras" (Lucas 24:19). O homem de Deus deve imitar seu Mestre nisto: deve ser poderoso tanto nas palavras de sua doutrina como nos atos de seu exemplo — o mais poderoso, se possível, no segundo.

É singular que a única história relativa à Igreja que temos na Bíblia seja a dos "Atos dos Apóstolos". O Espírito Santo não reteve os sermões dos apóstolos, os quais eram apaixonados, melhores do que os que pregaremos; entretanto, ainda assim, o Espírito Santo apenas cuidou de seus "atos". Não temos livros sobre as decisões apostólicas. Quando atendemos às assembleias na igreja, registramos nossas atas e decisões, mas o Espírito Santo registra apenas os "atos". Nossos atos devem ser registráveis, pois eles o serão. Devemos viver como se estivéssemos sob os olhos mais imediatos de Deus e como se estivéssemos ao romper daquele grande dia em que tudo será revelado.

A santidade em um ministro é sua principal necessidade e seu melhor adorno. A simples excelência moral não é suficiente; é preciso que haja a mais elevada virtude; é preciso que haja um caráter consistente, porém este deve ser ungido com o óleo sagrado da consagração; do contrário, não haverá aquilo que nos torna mais fragrantes para Deus e para o homem. O velho John Stoughton[34], em seu tratado intitulado *The Preacher's Dignity and Duty* (A dignidade e o dever do pregador), insiste na santidade do ministro usando frases de grande peso.

---

[34]Escritor e teólogo dissidente inglês nascido em Norwich (1807–1897).

Se Uzá devia morrer por tocar a arca de Deus — o que fez apenas para sustentá-la quando estava prestes a cair; se os homens de Bete-Semes pereceram por olhar para ela; se os animais que apenas se aproximavam do Monte Santo foram ameaçados, então, que classe de pessoas deve ser admitida para conversar com Deus de forma familiar, para "estar diante dele" — como estão os anjos — e "contemplar Sua face continuamente"; para "levar a arca sobre os ombros", "para levar Seu nome diante dos gentios"; em uma palavra, para ser Seus embaixadores?

"À tua casa convém a santidade, Senhor" (Salmo 93:5); e não seria absurdo imaginar que os vasos devem ser santos, que as vestes devem ser santas, que tudo deve ser santo, com exceção daquele em cujas vestes devem estar escritas as palavras "santidade ao Senhor" (Êxodo 39:30)?; que as campainhas dos cavalos deviam ter uma inscrição de santidade sobre eles, em Zacarias 14:20, e o sino dos santos, os sinos de Arão, não devem estar santificados?

Não! Os ministros devem ser "luzes ardentes e brilhantes"; do contrário, sua influência apontará alguma qualidade maligna; devem "ruminar e ter unhas fendidas" (Levítico 11), ou, então, são imundos; devem "manejar bem a palavra" (2 Timóteo 2:15) e levar uma vida em retidão e, assim, unir a vida ao que ensina.

Se não há santidade, os embaixadores envergonham o país de sua procedência, e o soberano que representam; e este Amasa morto (2 Samuel 20:12), esta doutrina morta não vivificada com uma boa vida, no meio do caminho, detém o povo do Senhor, impedindo que prossiga com alegria em sua guerra espiritual.

A vida do pregador deve ser um ímã para atrair homens a Cristo, mas quão triste é quando ela os afasta dele. Santidade nos ministros é um estrondoso chamado aos pecadores para que se arrependam e, quando associada ao júbilo santo, torna-se algo surpreendentemente atrativo. Jeremy Taylor[35], em sua esmerada linguagem, diz-nos:

> Os pombos de Herodes jamais poderiam ter convidado tantos estrangeiros para seus pombais se não tivessem se besuntado com bálsamo. Entretanto, "perfumem seus pombos e eles atrairão rebanhos inteiros", disse Dídimo; e se sua vida for maravilhosa, se suas virtudes forem como um unguento precioso, você logo atrairá seus acusadores para que corram *in odorem unguentorum* (atrás de seus preciosos perfumes); mas você deve ser excelente, não *tanquam unus de populo*, mas *tanquam homo Dei*'; você deve ser um homem de Deus, não à maneira comum dos homens, mas segundo o coração de Deus; e os homens se esforçarão para ser como você, se você for como Deus.

---

[35] Clérigo anglicano (1613–1667). Entre 1633 e a ascensão dos Puritanos em 1645, foi capelão do arcebispo Laud e do rei Charles. Sob o governo puritano, foi preso três vezes e forçado a se tornar capelão familiar no País de Gales. Após a Restauração, em 1661, tornou-se bispo de Down e Connor, na Irlanda. Entre seus muitos livros de assuntos teológicos, morais e devocionais, os mais conhecidos são *The Rule and Exercises of Holy Living* (A regra e os exercícios para o viver santo, 1650) e *The Rule and Exercises of Holy Dying* (A regra e os exercícios para o morrer santo, 1651), normalmente citados apenas como *Holy Living e Holy Dying*. Muitos leitores, incluindo Charles Wesley, um século mais tarde, afirmam ter encontrado grande benefício espiritual nesses livros. Outra obra de sua autoria, *Liberty of Prophesying* (Liberdade de profetizar), argumenta a favor da liberdade de consciência e de expressão num contexto religioso. Por estar em uma área de predominância católico-romana, ele foi, talvez inevitavelmente, trazido à controvérsia e escreveu um livro intitulado *Dissuasion Against Popery* (Dissuasão contra o papado).

Mas, se você está à porta da virtude apenas para afastar o pecado dela, não atrairá aos apriscos de Cristo ninguém senão aqueles quem o temor arrastar para ela. *Ad majorem Dei gloriam* (fazer o que renderá maior glória a Deus) é a linha que você deve seguir, pois não ir além das necessidades de todos os homens é servilismo, não tanto a afeição de filhos; muito menos você pode ser um pai para o povo, quando não contribui tanto com os filhos de Deus, pois um luzeiro escondido, embora seja uma luz fraca ao seu lado, dificilmente o iluminará, muito menos conduzirá uma multidão ou atrairá muitos seguidores pela claridade de sua luz.

Outro igualmente admirável sacerdote episcopal, o bispo Reynolds[36], disse bem e de forma incisiva: "A estrela que levou os magos a Cristo (MATEUS 2:9), a coluna de fogo que conduziu o povo a Canaã (ÊXODO 13:21), não apenas brilha, mas vai adiante deles". A voz de Jacó não teria tanto efeito se as mãos fossem as mãos de Esaú (GÊNESIS 27:22). Na Lei, ninguém que tivesse um defeito devia oferecer os sacrifícios do Senhor (LEVÍTICO 21:17-20); o Senhor, nisso, ensina-nos as virtudes que devem estar presentes naquele que é Seu ministro.

O sacerdote devia ter sinos e romãs em suas vestes; o primeiro simbolizava a sã doutrina, e o segundo, uma vida frutífera (ÊXODO 28:33,34). O Senhor será santificado em todos aqueles que se aproximam dele (ISAÍAS 51:11), pois os pecados dos sacerdotes faziam o povo abominar a oferta do Senhor (1 SAMUEL 2:17); sua vida de pecado trazia desonra à sua doutrina. "Passionem

---

[36]Ignatius A. Reynolds (? - 1855), segundo bispo da diocese católica de Charleston (EUA) de 1844 até sua morte.

Christi annunciant profitendo, male agendo exhonorant (Com sua doutrina, eles edificavam e, com sua vida, eles destruíam)", disse Santo Agostinho. Encerro essa questão com aquela proveitosa passagem de *Hierom ad Nepotianum*.[37]

"Que tuas obras", disse Jerônimo, "não envergonhem tua doutrina, para que aqueles que ouvem a ti na igreja não digam em silêncio: 'Por que não fazes o que ensinas aos outros? Ele é um mestre muito sutil que convence os outros a jejuarem quando já está satisfeito. Um ladrão que denuncia a cobiça. *Sacerdotis Christi os, mens, manusque concordent* (Em um ministro de Cristo, devem estar em harmonia sua língua, seu coração e sua mão)".

Além disso, é bastante curiosa a linguagem de Thomas Playfere[38] em seu *Say Well, Do Well* (Fale bem, aja bem).

Havia um ator cômico na cidade de Esmirna que ao exclamar "*O caelum!*" (Ó céus!) apontava o dedo para o chão. Ao ver esse gesto, Polemo, o homem mais importante da cidade, não conseguiu permanecer indiferente e saiu

---

[37]Carta de Jerônimo (S. Hieronymus, ou Hierome, ou Hierom, conhecida como *Fortaleza da cristandade em face da heresia*) sobre a instituição de clérigos. Nessa carta, ele encoraja seus leitores a lerem "com muita frequência as Divinas Escrituras". Escreveu um comentário sobre Efésios, além de muitos outros, autor da Vulgata, tradução na língua latina da Sagrada Escritura. Com Hilário, bispo de Poitiers, Ambrósio, de Milão, Agostinho, forma o grupo dos chamados quatro Pais da Igreja latina daquela época, final do século IV e a primeira metade do século V. Contemporâneo de Gregório Nanzianzeno e Basílio, já mencionados.
[38]Pregador e professor de Divindade em Cambridge em 1596. Influenciou Shakespeare.

apressadamente da companhia, dizendo: "Este néscio cometeu um solecismo com as mãos, pois tem falado um latim espúrio com o dedo". O mesmo acontece com aqueles que ensinam bem, mas agem mal; por mais que tenham o Céu na ponta da língua, eles têm o mundo na ponta dos dedos; esses não apenas falam mal o latim com a língua, como falam mal da Divindade com as mãos; não vivem aquilo que pregam. Entretanto, Aquele que se assenta no Céu zombará deles e os tirará do palco com vaias, se eles não se emendarem.

Até nas pequenas coisas, o ministro deve ter cuidado para que sua vida seja coerente com seu ministério. Ele deve ter o cuidado especial de nunca deixar de corresponder à sua palavra. Isso deve ser aplicado até a escrupulosidade; nunca poderemos ser demasiadamente cuidadosos; a verdade não apenas deve estar em nós, como deve brilhar por meio de nós. Um célebre doutor em teologia de Londres, que não tenho dúvida de que neste momento está no Céu — um homem maravilhoso e muito piedoso —, anunciou em um domingo que se propunha a visitar todos os membros de sua congregação e disse que, para conseguir em suas excursões fazer a eles e a suas famílias uma visita em um ano, precisaria seguir a ordem de suas respectivas casas.

Uma pessoa quem conheço bem, que era um pobre homem, encantou-se com a ideia de que um ministro iria à sua casa para visitá-lo e, quase uma ou duas semanas antes de ele perceber que seria sua vez, sua esposa tomou o maior cuidado para varrer o chão e manter a casa em ordem, e o homem saiu cedo do serviço para ir para casa, na esperança de encontrar o doutor em sua casa naquela noite. Isso se repetiu por um tempo considerável.

O doutor ou esqueceu-se de sua promessa, ou cansou-se de fazê-lo, ou, por alguma outra razão, jamais foi à casa desse pobre homem e, consequentemente, o homem deixou de confiar em todos os pregadores e disse: "Eles apenas se preocupam com os ricos, mas não se importam conosco, que somos pobres".

Esse homem deixou de frequentar um lugar de adoração por muitos anos, até que, finalmente, apareceu no *Exeter Hall* e ficou ali a ouvir-me por muitos anos, até a Providência tirar sua vida. Não foi fácil fazê-lo acreditar que qualquer ministro poderia ser um homem honesto e amar imparcialmente tanto o rico quanto o pobre. Que não cometamos essa falta, sendo perfeitos no cumprimento de nossa palavra.

Devemos lembrar que somos muito observados. Os homens dificilmente têm a impudência de violar a lei às vistas de seus companheiros; contudo, é nessa falta de discrição que vivemos e agimos. Somos observados por milhares de olhos de águia; que vivamos de modo que jamais precisemos nos importar se todo o Céu, a Terra e o inferno aumentaram a lista de espectadores. Nossa posição pública nos será um grande ganho se estamos aptos a mostrar os frutos do Espírito em nossa vida. Tenha cuidado para não desperdiçar essa oportunidade.

Quando lhes dizemos que tenham cuidado com sua vida, queremos dizer que vocês devem cuidar até das particularidades de seu caráter. Evitem pequenas dívidas, a falta de pontualidade, mexericos, apelidos, discussões insignificantes e todos aqueles pequenos vícios que enchem o unguento de moscas. A indulgência com que nos julgamos a nós mesmos, e que tem minado a reputação de muitos, não deve ser tolerada por nós. Naturalmente, devemos evitar as liberdades com outras pessoas que as podem colocar sob suspeita. Devemos pôr de lado as inconveniências que tornam alguns em seres funestos e as vaidades que tornam outros em seres desprezíveis. Não podemos dar-nos o luxo de correr grandes riscos por causa de coisas pequenas. Devemos cuidar para agir de acordo com a Lei, "não dando nós nenhum motivo de escândalo em coisa alguma, para que o ministério não seja censurado" (2 Coríntios 6:3).

Com isso, não se pretende que fiquemos presos a todo capricho ou padrão social. Eu detesto formalidades, e se me parecesse melhor passar por cima de uma lei da etiqueta, não teria escrúpulo em fazê-lo. Somos homens, não escravos; e não devemos renunciar à nossa valorosa liberdade, ser os criados daqueles que aparentam nobreza ou ostentam requinte. Contudo, devemos fugir de quaisquer coisas que beiram a aspereza que se assemelham ao pecado como se fossem víboras. As regras de Chesterfield[39] são ridículas para nós, mas não o exemplo de Cristo; e Ele nunca foi áspero, vil, descortês ou indelicado.

Mesmo em seus momentos de descontração, lembre-se de que você é um ministro. Você ainda é um oficial do exército de Cristo quando está fora da marcha; conduza-se como tal. Entretanto, se as pequenas coisas devem ser tratadas, quão cuidadoso você deverá ser com relação às questões maiores de moralidade, honestidade e integridade! Nisso, o ministro não deve falhar. Sua vida particular sempre deve manter-se em harmonia com seu ministério; do contrário, seus dias estarão contados, e quanto mais rápido ele se afastar de seu cargo, melhor será, pois continuar nele apenas desonrará a causa de Deus e causará sua própria ruína.

---

[39]Lorde Chesterfield (1694–1773) escreveu sobre regras de etiqueta e identidade social. Um de seus estudiosos disse que ele era "uma fantástica aberração do exagero". Chesterfield cria que a maneira correta de tratar as pessoas garantia a identidade social, status e respeitabilidade.

5

A DESPEDIDA DO MINISTRO[40]

Portanto, eu vos protesto, no dia de hoje, que estou limpo do sangue de todos; porque jamais deixei de vos anunciar todo o desígnio de Deus (Atos 20:26,27).

Quando Paulo estava deixando seus amigos de Éfeso, que haviam vindo despedir-se dele em Mileto, ele não lhes pediu uma aprovação de sua capacidade; ele não lhes pediu uma recomendação de sua fervorosa eloquência, de sua profunda erudição, de seu amplo raciocínio ou de seu perspicaz juízo. Ele sabia muito bem que poderia ter crédito por tudo isso e, no entanto, ser considerado um réprobo no final. Precisava de um testemunho que fosse válido nos átrios do Céu e de valor na hora da morte. Sua declaração mais solene é: "Portanto, eu vos protesto, no dia de hoje, que estou limpo do sangue de todos; porque jamais deixei de vos anunciar todo o desígnio de Deus".

Tratando-se do apóstolo, essa afirmação não se constituía em egolatria; era um fato de que ele, sem provocar os riscos ou temer os olhares de reprovação de qualquer um, pregara a verdade — toda e nada mais que a verdade — como lhe havia sido ensinada pelo Espírito Santo e como a recebera em seu próprio coração. Que todos os ministros de Cristo possam honestamente desafiar-se a ter o mesmo testemunho!

Com a ajuda do Espírito de Deus, proponho-me a fazer duas coisas. A primeira será dizer algumas palavras sobre *a declaração solene do apóstolo à despedida*; e, em seguida, em algumas palavras solenes, *fazer meu próprio discurso de despedida*.

---

[40]Um sermão na íntegra proferido na manhã de sábado, 11 de dezembro de 1858.

A DESPEDIDA DO APÓSTOLO

Primeiro, *as palavras do apóstolo à despedida*: "eu vos protesto, no dia de hoje, que [...] jamais deixei de vos anunciar todo o desígnio de Deus".

A primeira coisa que nos impressiona é a declaração do apóstolo com relação *às doutrinas que ele havia pregado*. Ele pregara *todo* o desígnio de Deus. Por meio disso, penso que devamos entender que ele entregou a seu povo todo o evangelho. Ele não insistiu em uma doutrina bíblica específica, com a exclusão das demais; entretanto, trazer à tona toda a verdade com relação à analogia da fé foi seu sincero empenho. Ele não magnificou uma doutrina e fez dela uma montanha e, então, reduziu a outra a um montículo de terra, mas esforçou-se para apresentar todas elas em conjunto, como as cores do arco-íris, como um todo harmonioso e glorioso.

Naturalmente, ele não reivindicou para si qualquer infalibilidade como homem, embora, como um homem inspirado, não tenha cometido erros em seus escritos. Indubitavelmente, ele tinha pecados para confessar em privado e falhas a serem lamentadas diante de Deus. Sem dúvida, ele às vezes deixara de expor uma verdade de forma tão clara quanto talvez desejasse quando pregava a Palavra; nem sempre foi tão enérgico como talvez desejasse ser; mas, ao menos, ele pôde fazer esta declaração: que não reteve intencionalmente uma única parte sequer da verdade como ela é em Jesus.

Ora, é preciso trazer as palavras do apóstolo para estes tempos modernos. Aceito esse desafio — mesmo que nenhum de nós possa ter a consciência limpa por ter proferido todo o desígnio de Deus, devemos atentar para que preguemos, em primeiro lugar, as *doutrinas do evangelho*. Devemos declarar aquela maravilhosa doutrina do amor do Pai por Seu povo diante de todos os povos. Sua soberana escolha por eles, Seus propósitos de aliança com relação a eles e Suas promessas imutáveis para com eles devem ser anunciados em alta voz. Além disso, o verdadeiro evangelista nunca deve deixar de revelar as belezas da pessoa de Cristo, a glória de Seus ofícios, a perfeição de Sua obra e, sobretudo, a eficácia de Seu sangue.

Independentemente daquilo que omitamos, essa verdade deve ser constantemente proclamada da maneira mais convincente. Não existe evangelho que não tenha Cristo nele, e a ideia moderna de pregar *a "verdade"* em lugar de pregar a Cristo é um terrível artifício usado por Satanás.

Nem tudo se resume a isso, pois, uma vez que há três Pessoas na Divindade, devemos atentar para que todas as três recebam a devida honra em nosso ministério. A obra do Espírito Santo na regeneração, na santificação e na perseverança sempre deve ser exaltada em nosso púlpito. Sem Seu poder, nosso ministério é uma letra morta e, com isso, não podemos esperar que Seu braço esteja estendido, a menos que o honremos dia após dia.

Com relação a todas essas questões, somos unânimes, e eu, por essa razão, volto-me para questões em que há uma controvérsia maior e, consequentemente, maior necessidade de uma confissão sincera, em razão de uma tentação maior a encobrir-se. Prosseguindo, então, pergunto se temos pregado todo o conselho de Deus, a menos que a predestinação com toda a sua solenidade e certeza seja continuamente declarada — a menos que a eleição seja ensinada de modo ousado e exposto como uma das verdades reveladas de Deus.

É dever do ministro, começando por essa fonte principal, traçar todas as outras correntes; discorrer sobre o chamamento eficaz, manter a justificação pela fé, insistir na perseverança incontestável do cristão e ter prazer em proclamar a aliança graciosa na qual todas essas coisas estão contidas, e que é certa para toda a semente escolhida e comprada com sangue.

Há uma tendência nesta época de lançar a verdade doutrinária às sombras. Um número considerável de pregadores sente-se ofendido com essa dura verdade defendida por aqueles que advogam uma teologia do pacto, e da qual os Puritanos deram testemunho em meio a uma época licenciosa.

Foi-nos dito que os tempos mudaram: que temos de modificar essas antigas (assim chamadas) doutrinas calvinistas e trazê-las para os nossos tempos; que, na realidade, elas precisam ser diluídas, que os homens tornaram-se tão inteligentes que devemos descartar os anjos de nossa religião e transformar um quadrado em um círculo, arredondando as arestas mais salientes. Qualquer homem que assim o faz, a meu modo de ver, não anuncia todo o desígnio de Deus.

O ministro fiel deve ser sincero, simples e determinado com relação a essas doutrinas. Não deve haver controvérsias quanto à sua crença ou incredulidade no que diz respeito a elas. Ele deve, portanto, pregá-las para que seus ouvintes saibam se ele prega um plano de livre-arbítrio ou uma aliança de graça — se ele apresenta a salvação pelas obras ou a salvação pelo poder e pela graça de Deus.

No entanto, um homem poderia pregar todas essas doutrinas de forma plena e, contudo, não anunciar todo o conselho de Deus. É neste ponto que surgem a peleja e o conflito; é neste ponto que aquele que é fiel nestes dias modernos terá de suportar todo o ímpeto do ataque.

Não basta pregar as doutrinas; é preciso pregar o *dever*; devemos insistir constante e firmemente na prática. Ainda que sua pregação não vá além de uma simples doutrina, há determinado grupo de homens de intelecto pervertido que o admirará; mas basta você começar a pregar responsabilidade — dizer sinceramente, de uma vez por todas, que, se o pecador perecer, a culpa é toda dele, que, se algum homem for para o inferno, sua condenação estará à sua própria porta —, e, imediatamente, haverá um grito de: "Isso é inconsistente! Como essas duas coisas podem andar juntas?".

Há até bons cristãos que não podem suportar toda a verdade e se opõem ao servo do Senhor que não se contenta com uma parte do todo, mas apresentará, com sinceridade, todo o evangelho de Cristo. Essa é uma das dificuldades que o ministro fiel tem de suportar.

Entretanto, ele não é fiel a Deus — falo com convicção: não acredito que um homem que seja mesmo fiel à própria consciência possa pregar simplesmente a doutrina da soberania de Deus e não insistir na doutrina da responsabilidade do homem.

Seguramente, creio que todo homem que for para o inferno terá apenas a si mesmo para amaldiçoar por isso. Assim que passarem o portal de fogo, será dito a seu respeito: "Vocês não aceitaram as minhas repreensões. Vocês foram convidados para a ceia, mas não compareceram. Eu chamei, e vocês recusaram; eu estendi as mãos, e nenhum homem as quis tomar. E agora, vejam, eu rirei de suas calamidades. Rirei quando sentirem o medo".

O apóstolo Paulo sabia desafiar a opinião pública, pregando o dever do homem, por um lado, e, por outro, a soberania de Deus. Eu tomaria emprestadas as asas de uma águia e voaria para os lugares mais altos da sublime doutrina quando estivesse pregando sobre a soberania divina. Deus tem poder absoluto e ilimitado sobre os homens para fazer com eles o que lhe apraz, assim como faz o oleiro com o barro. Que a criatura não questione o Criador, pois Ele não presta contas do que Lhe diz respeito.

Entretanto, quando prego sobre o homem, e observo o outro aspecto da verdade, mergulho nos lugares mais profundos. Sou, se assim você quiser me chamar, um homem de doutrinas simples que, por ser um mensageiro sincero de Cristo, deve usar Sua própria linguagem e apregoar: "Quem nele crê não é julgado; o que não crê já está julgado, porquanto não crê no nome do unigênito Filho de Deus" (João 3:18).

Não creio que todo o conselho de Deus está anunciado, a menos que aqueles dois pontos que parecem contraditórios sejam apresentados e ensinados de maneira clara. Para pregar todo o conselho de Deus, é necessário declarar a promessa em toda a sua autonomia, certeza e riqueza. Quando a promessa transforma-se no tema do texto, o ministro nunca deve ter receio de pregá-la. Caso se trate de uma promessa incondicional, ele deve fazer de sua incondicionalidade um dos pontos mais salientes de sua pregação; ele deve apresentar ao máximo o que quer que Deus tenha prometido a Seu povo.

Se o mandamento for o ponto principal, o ministro não deve recuar; ele deve anunciar o preceito de forma tão completa e fiel como faria com relação à promessa. Ele deve exortar, repreender e ordenar com toda longanimidade. Deve manter o fato de que a parte relativa a preceitos do evangelho é tão importante — como também tão inestimável — quanto a parte relativa a promessas.

Deve manter-se fiel às passagens: "Pelos seus frutos os conhecereis [...] Toda a árvore, pois, que não produz bom fruto é cortada e lançada no fogo" (Mateus 7:16; 3:10). É preciso pregar uma vida de santidade, bem como uma vida de alegria. A santidade de vida deve ser objeto de nossa constante insistência, bem como aquela fé simples que depende de tudo de Cristo.

Penso que para anunciar todo o desígnio de Deus — reunir milhares de coisas em Um (Efésios 1:10) — seja indispensável que o ministro, ao pregar seu texto, revele o seu significado com sinceridade e objetividade. Vários ministros selecionam um texto [das Escrituras] e acabam com ele. Eles o distorcem; em seguida, enchem-no com alguns conceitos vazios e colocam-no sobre a mesa para que um grupo de pessoas desatentas se sirva dele.

O homem que não prega todo o desígnio de Deus não permite que a Sua Palavra fale por si mesma em sua própria linguagem simples e pura. Se encontra, em determinado dia, um texto como este: "Assim, pois, isto não depende do que quer, nem do que corre, mas de Deus, que se compadece" (Romanos 9:16), o fiel ministro não medirá esforços para discorrer sobre todos os aspectos desse texto. E, se no dia seguinte, o Espírito de Deus bater à porta de sua consciência com esta mensagem: "E não quereis vir a mim para terdes vida" (João 5:40), ele será tão sincero com seu texto neste sentido como o foi no outro.

Ele não faltará com a verdade. Terá ousadia de enfrentá-la e depois levá-la ao púlpito, e, ali, anunciá-la: "Ó Palavra, fale por si mesma e seja ouvida. Não me faça sofrer, ó Senhor, por deturpar ou interpretar mal Tua verdade vinda do Céu". Honestidade simples com a pura Palavra de Deus é, a meu ver, a condição necessária para o homem que não deixa de anunciar todo o conselho de Deus.

Além disso, mas isso não é tudo, se um homem anunciasse todo o conselho de Deus e não deixasse de fazê-lo, ele teria de ser bem específico com relação aos pecados prementes dos tempos. O ministro sincero não condena o pecado da multidão; ele separa os pecados entre seus ouvintes e, sem armar o arco a esmo, coloca a flecha na corda, e o Espírito Santo a lança no íntimo de cada consciência.

Aquele que é verdadeiro com seu Deus não considera sua congregação como uma grande massa, mas como um grupo de indivíduos distintos e empenha-se por adaptar sua pregação à consciência dos homens, para que estes percebam que ele faz referência a eles.

Diz-se sobre Rowland Hill[41] que ele era um pregador tão pessoal que, se um homem estivesse sentado em uma janela a uma longa distância ou em algum canto isolado, este, apesar disso, sempre sentiria: "Aquele homem está falando comigo".

E o verdadeiro pregador que anuncia todo o desígnio de Deus fala de uma forma que seus ouvintes percebam que há algo reservado para eles — uma repreensão de seus pecados, uma exortação à qual eles têm de obedecer, algo que lhes venha de forma direta, oportuna e pessoal ao coração.

Também não acredito que isso não aconteça a todo homem que tem anunciado todo o desígnio de Deus. Se existe um vício o qual você deve evitar, se existe um erro do qual deve fugir, se existe um dever a ser cumprido — se todas essas coisas não são mencionadas nas pregações que partem do púlpito, o ministro tem deixado de anunciar todo o desígnio de Deus. Se há um pecado que predomina na vizinhança e, principalmente, na congregação, se o ministro evitar mencionar esse vício específico

---

[41] Pregador inglês (1744 – 1833).

para não ofender você, ele terá sido infiel ao seu chamado e desonesto com seu Deus.

Não sei descrever o homem que anuncia todo o desígnio de Deus de uma forma melhor que a de recorrer às cartas do apóstolo Paulo. Nelas, temos a doutrina e o preceito, a experiência e a prática. Ele fala de corrupção interior e da tentação exterior. Há uma descrição de toda a vida divina, e as orientações necessárias são apresentadas. Nelas, temos a repreensão séria e o doce consolo. Nelas, temos as palavras que gotejam como a chuva e destilam como o orvalho (Deuteronômio 32:2), e as máximas que estrondam como trovões e reluzem como relâmpagos.

Nelas, vemos Cristo com Seu cajado na mão a conduzir com amor Suas ovelhas para os pastos; e, logo, o vemos com Sua espada desembainhada, lutando com bravura contra os inimigos de Israel. Aquele que tem desejo de ser fiel e pregar todo o desígnio de Deus deve ser um imitador do apóstolo Paulo e pregar como ele escreveu.

Resta, entretanto, a pergunta: existe alguma tentação que sirva de obstáculo para o homem que se esforça por proceder dessa forma? Há algo que o tentaria a desviar-se do caminho reto e induzi-lo a não pregar todo o conselho de Deus?

Ah!, você pouco compreenderá a posição de um ministro se não tiver por vezes gemido por ele. Sustenha apenas uma faceta da verdade e você será erguido aos céus.

Torne-se um calvinista que fecha os olhos para metade da Bíblia e não consegue ver a responsabilidade do pecador, e os homens o aplaudirão e gritarão: "Aleluia!", e, sobre os ombros de muitos, você será elevado a um trono e se tornará um príncipe no Israel deles.

Por outro lado, comece a pregar a simples moralidade, a prática sem doutrina, e você será erguido nos ombros de outros homens; você, se é que posso usar essa figura, entrará em Jerusalém sobre esses jumentos, os ouvirá clamar: "Hosana!" e os verá balançar seus ramos de palmeira à sua frente.

Contudo, pregue todo o desígnio de Deus e você verá a ira de ambas as partes com relação a você. Uma gritará: "O homem é muito superior"; a outra dirá: "Não, ele é muito inferior"; uma dirá: "Ele é um arminiano arraigado", enquanto a outra dirá: "Ele é um ultracalvinista desprezível".

Ora, o homem não gosta de achar-se entre dois fogos. Há uma propensão a agradar uma das partes; e isso acontece, se não para aumentar o número de adeptos de uma das partes, pelo menos para obter um número de pessoas mais ferozmente apegadas a um dos lados. Mas, se começarmos a pensar nisso, se permitirmos que o choro de uma das partes arranque-nos desse caminho estreito — o caminho da justiça, da verdade e da retidão —, tudo estará acabado para nós.

Quantos ministros sentem a influência de pessoas abastadas. O ministro, em seu púlpito, talvez esteja propenso a imaginar aquele fazendeiro em seu simples banco. Ou, então, ele pense: "O que dirá o fulano que é diácono?"; ou: "O que dirá o outro diácono, que pensa totalmente o contrário?"; ou: "O que escreverá o Sr. A, o editor daquele jornal, na próxima segunda?"; ou: "O que dirá a Sra. B na próxima vez que eu encontrá-la?". Sim, todas essas coisas pesam um pouco na balança; e elas tendem — se Deus, o Espírito Santo, não guardá-lo em retidão — a fazê-lo desviar-se um pouco desse caminho estreito, no qual somente pode permanecer se anunciar todo o desígnio de Deus.

Ah!, o homem que sustenta a opinião de um grupo exclusivo receberá honras; entretanto, embora haja glórias, aquele que permanece fiel à bandeira imaculada da verdade, por si só, e luta contra as injúrias de toda ordem, tanto na igreja como no mundo, receberá um número maior de afrontas. Portanto, não era um testemunho que o apóstolo reivindicava para si, pois não deixara de anunciar todo o desígnio de Deus.

Mas permita-me fazer outra observação: embora haja essa tentação de não anunciar todo o desígnio de Deus, o verdadeiro ministro de Cristo sente-se impelido a pregar toda a verdade, porque ela e somente ela pode satisfazer os desejos do homem. Quantos pecados este mundo já presenciou por meio de um evangelho distorcido, dilacerado e moldado segundo o homem. Quanto prejuízo tem sido causado à alma humana por homens que têm pregado apenas uma parte do desígnio de Deus e não todo ele!

Meu coração sangra por ver muitas famílias em que o antinomianismo[42] tem ganhado domínio. Eu poderia contar muitas histórias tristes de famílias mortas no pecado, cuja consciência está cauterizada como que com ferro quente por causa da pregação fatal à qual dão ouvidos. Tenho conhecimento de convicções sendo reprimidas e desejos sendo sufocados pelo sistema de destruição da alma que arranca a natureza humana do homem e faz dele um ser não mais responsável que um boi.

Não consigo imaginar um instrumento que esteja mais pronto da mão de Satanás para causar a ruína de almas do que um ministro que diz aos pecadores que não é dever deles arrependerem-se

---

[42]Doutrina segundo a qual não há nenhuma lei moral que Deus espera que os cristãos obedeçam (do grego *anti*, contra, e *nomos*, lei).

de seus pecados ou crerem em Cristo, e que tem a arrogância de intitular-se um ministro do evangelho, ao mesmo tempo em que ensina que Deus abomina eterna e invariavelmente alguns homens por nenhuma outra razão que não a de simplesmente ter escolhido agir dessa forma. Que o Senhor guarde você da voz do feiticeiro e o mantenha surdo à voz do engano.

Quanto mal produzirá um evangelho distorcido até entre famílias cristãs! Tenho visto jovens cristãos, que acabam de ser salvos do pecado, felizes em seus primeiros passos na carreira cristã e andando com seu Deus com humildade. Entretanto, o mal move-se lentamente, disfarçado pelo manto da verdade. O dedo da cegueira parcial estava sobre seus olhos, e apenas uma doutrina podia ser vista: a soberania foi vista, mas não a responsabilidade.

O ministro antes amado foi odiado; aquele que havia sido honesto para pregar a Palavra de Deus foi considerado a escória de todas as coisas. E qual foi o resultado? O oposto do que é bom e gracioso. A intolerância usurpou o lugar do amor; a amargura passou a habitar no lugar em que antes havia delicadeza de caráter.

Eu poderia apresentar-lhe inúmeros exemplos em que insistir em determinada doutrina tem levado homens ao excesso da intolerância e da amargura. E, uma vez que alcança esse estágio, o homem está pronto o bastante para pecados de qualquer tipo, para os quais o diabo talvez tenha prazer em tentá-lo. Há uma necessidade de que todo o Evangelho seja pregado ou, então, o espírito, até dos cristãos, se tornará frustrado e desfigurado.

Conheço homens diligentes por Cristo, que pelejam, com ambas as mãos, para ganhar almas que, inesperadamente, começaram a sustentar uma doutrina particular, e não a verdade como um todo, e acabaram na letargia. Por outro lado, quando os homens tomaram apenas o lado prático da verdade e omitiram o lado doutrinário, muitos mestres acabaram por cair no legalismo; conversam como se tivessem de ser salvos pelas obras e quase esqueceram aquela graça pela qual foram chamados. São como os gálatas: deixaram-se fascinar por aquilo que ouviram.

Aquele que crê em Cristo, se quiser manter-se puro, simples, santo, generoso, parecido com Ele, somente permanecerá assim por meio de uma pregação de toda a verdade como ela é em Jesus.

E quanto à salvação de pecadores, nunca podemos esperar que Deus abençoe nosso ministério pela conversão deles a menos que preguemos o evangelho como um todo. Não posso esperar a bênção de meu Mestre se tomar apenas parte da verdade e sempre discorrer sobre ela, chegando a excluir as demais partes. Se minha pregação consiste naquilo que Ele quer que eu pregue, Ele certamente aceitará a palavra; Ele jamais a deixará sem a marca de Seu próprio testemunho vivo.

Contudo, imaginemos que me seja possível aperfeiçoar o evangelho, torná-lo consistente, adorná-lo e torná-lo mais aprazível; verei, então, que meu Mestre se apartará, e Icabô, que significa "foi-se a glória", estará escrito nas paredes do santuário.

Quantos há que permanecem escravos por causa da negligência aos convites do evangelho. Anseiam por salvação. Sobem à casa de Deus, clamando para que sejam salvos, e não há outra palavra para eles senão a da predestinação. Por outro lado, multidões permanecem nas trevas por causa de uma pregação prática, que se resume a: "Faça! Faça! Faça!" e a nada mais que: "Faça!", e as pobres almas dizem: "Do que isso me serve? Não posso fazer nada. Oh! eu quero um caminho que me leve à salvação".

Quanto ao apóstolo Paulo, pensamos que talvez seja, de fato, dito que nenhum pecador deixou de ser consolado por ele ter guardado a cruz de Cristo; que nenhum santo teve o espírito confundido por motivo de ele negar o Pão do Céu e reter a preciosa verdade; que nenhum cristão prático tornou-se tão prático quanto legalista, e que nenhum cristão tornou-se tão doutrinário quanto não prático. A pregação de Paulo era de um gênero tão agradável e consistente que seus ouvintes, sendo abençoados pelo Espírito, tornaram-se de fato cristãos, tanto na vida como no espírito, refletindo a imagem de seu Mestre.

Sinto que não posso estender-me muito nesse texto. Tenho me sentido extremamente mal nos dois últimos dias, pois as reflexões que esperava apresentar-lhes numa melhor forma simplesmente saem de meus lábios de uma maneira longe de ser ordenada.

PALAVRAS SÉRIAS

Neste momento, preciso desvencilhar-me do apóstolo Paulo para apresentar-lhe algumas *palavras bem sérias, sinceras e carinhosas quanto à despedida.*

"Portanto, eu vos protesto, no dia de hoje, que estou limpo do sangue de todos; porque jamais deixei de vos anunciar todo o desígnio de Deus." (Atos 20:26,27).

Não gostaria de dizer nada que trouxesse aprovação e louvor a mim mesmo; não serei minha própria testemunha com relação à minha fidelidade; entretanto, peço-lhe que seja minha testemunha neste dia de que não tenho deixado de anunciar-lhe todo o desígnio de Deus.

Muitas vezes subi neste púlpito com uma grande fraqueza, e muitas mais foram as vezes em que o deixei com um profundo pesar, porque minha pregação não foi tão séria como desejei que fosse. Reconheço muitos erros e falhas e, principalmente, uma falta de seriedade em meu compromisso de orar por sua alma.

Contudo, há uma acusação da qual minha consciência me inocenta nesta manhã, e acredito que você também o fará, pois não deixei de anunciar todo o desígnio de Deus. Se errei em alguma coisa, foi um erro de julgamento; talvez eu tenha me enganado, mas, uma vez que aprendi a verdade, posso dizer que nenhum receio da opinião pública nem da opinião pessoal jamais me desviou daquilo que defendo ser a verdade de meu Senhor e Mestre.

Tenho pregado as coisas preciosas do Evangelho. Tenho me empenhado ao máximo para pregar a graça em toda a sua plenitude. Conheço as preciosidades dessa doutrina por experiência própria; Deus me livre de pregar uma doutrina diferente. Se não formos salvos pela graça, jamais seremos salvos. Se, do princípio ao fim, a obra de salvação não estiver nas mãos de Deus, nenhum de nós jamais poderá ver a face de Deus com aceitação.

Prego essa doutrina, não por opção, mas por absoluta necessidade, pois, se essa doutrina não for verdadeira, então somos almas perdidas; sua fé é vã, nossa pregação não tem valor e ainda estamos em nossos pecados, e ali devemos permanecer até o fim.

No entanto, por outro lado, também posso dizer que não deixei de fazer exortações, convites e súplicas. Fiz o convite para o pecador entregar-se a Cristo. Fui incentivado a não fazê-lo, mas não pude resistir. Desejoso no íntimo por ver a salvação dos pecadores que perecem, não pude concluir sem fazer o apelo: "Venha para Jesus, pecador, venha". Com lágrimas nos olhos pelos pecadores, sinto-me compelido a convidá-los a vir para Jesus. É impossível para mim falar sobre a doutrina sem fazer o convite.

Se você ainda não veio para Cristo, não foi por falta de convite ou porque não tenho chorado por seus pecados e sofrido pela alma dos homens. A única coisa que gostaria de pedir-lhe é o seguinte: seja minha testemunha, meu ouvinte, seja minha testemunha de que, nessa questão, estou limpo do sangue de todos; porque tenho pregado tudo que sei sobre todo o conselho de Deus.

Será que existe um único pecado que eu não tenha repreendido? Será que existe uma doutrina na qual cri que eu não tenha revelado? Será que existe um trecho da Palavra, doutrinário ou experimental, que eu tenha intencionalmente omitido? Mais uma vez, com lágrimas, confesso minha falta de merecimento: estou muito distante da perfeição; não tenho servido a Deus como deveria; não tenho sido tão sincero com você como gostaria.

Agora que meu ministério de 3 anos chegou ao fim[43], gostaria de poder começar novamente, de poder ajoelhar-me diante de você e implorar que atente para as coisas que constituem sua paz. Contudo, aqui, novamente, repito que, enquanto confesso-me culpado com relação à seriedade, que posso merecer o juízo de Deus com relação à verdade e à sinceridade, posso desafiar os anjos eleitos, posso convocar a todos vocês para que testemunhem que não deixei de anunciar todo o desígnio de Deus.

---

[43]Referindo-se a ter que deixar de se reunirem no Salão de Música de Surrey (Music Hall), conforme nota esclarecedora no final deste capítulo.

Se existe disposição para fazê-lo, é bastante fácil evitar a pregação de uma doutrina repreensível simplesmente omitindo os textos que a ensinam. Se uma verdade desagradável lançar-se sobre você, não é difícil colocá-la de lado, imaginando que ela prejudicaria sua pregação anterior. Talvez esse segredo esteja seguro por um tempo, e é possível que sua congregação não o descubra ao longo de anos. Entretanto, se eu tivesse estudado alguma coisa posteriormente, teria buscado sempre apresentar aquela verdade que antes omiti; e se houvesse alguma verdade a qual deixei de revelar até aqui, será minha mais sincera oração que, a partir deste dia, ela possa se fazer manifesta, para que possa ser mais bem compreendida e observada.

Bem, simplesmente faço-lhe essa pergunta, e se ceder a uma pequena egolatria, se neste dia de despedida "tornei-me um tolo em glória", não é por amor à glória; é por um motivo melhor que lhe apresento essa questão.

É possível que aconteçam tragédias a muitos de vocês. Em pouco tempo, é possível que alguns de vocês estejam frequentando lugares onde o evangelho não é pregado. É possível que você aceite outro e falso evangelho. Somente peço-lhe o seguinte: seja minha testemunha no sentido de que não foi minha falha — que fui fiel e não deixei de anunciar-lhe todo o desígnio de Deus.

Em pouco tempo, é possível que alguns aqui, que se sentiram reprimidos pelo fato de terem frequentado um lugar de adoração, vendo que o ministro escolhido se foi, não vão a nenhum outro lugar depois disso. Você pode tornar-se indiferente. Talvez no próximo sábado esteja sentado em casa à toa e não aproveitando o dia. No entanto, há uma coisa que eu gostaria de dizer antes de você tomar a decisão de não frequentar a casa de Deus novamente: seja minha testemunha no sentido de que fui fiel a você.

É possível que alguns aqui, que prosseguiram bem, por um tempo, em sua profissão de fé, enquanto ouviam a Palavra, voltem para trás; é possível que alguns voltem direto para o mundo; vocês podem tornar-se ébrios, blasfemadores e coisas desse gênero. Deus proíbe isso! Contudo, caso caia em pecado, exorto-o a pelo menos dizer estas palavras daquele que não tem outro desejo senão vê-lo salvo: "Ele tem sido honesto comigo, pois não deixou de anunciar todo o desígnio de Deus".

Alguns de vocês, em pouco tempo, estarão no leito de morte. Quando seu pulso estiver fraco, quando o medo da terrível morte cercá-los, se vocês ainda não tiverem se convertido a Cristo, há uma coisa que gostaria que acrescentassem ao seu último desejo e testamento: a exclusão deste pobre ministro, que está diante de vocês neste dia, de qualquer participação naquela sua desesperada insensatez que os levou a negligenciar sua própria alma.

Será que não clamei para que se arrependessem? Será que não implorei para que considerassem minhas palavras antes que a morte os surpreendesse? Será que não os exortei, meus amados, para que procurassem o refúgio de esperança que está à sua frente? Oh!, pecador, quando estiver atravessando o rio negro, não me insulte como se eu fosse seu assassino, pois, quanto a isso, posso dizer: "Lavo minhas mãos na inocência; não sou responsável por seu sangue".

Entretanto, está chegando o dia em que todos nós nos encontraremos novamente. Essa grande reunião de hoje será suplantada por algo maior, como a gota de água que se perde no oceano. E eu estarei lá naquele dia para ser julgado no tribunal de Deus. Se eu não o exortei, fui um vigia infiel, e seu sangue será cobrado de minhas mãos; se não preguei-lhe o Evangelho e implorei para que buscasse um refúgio, então, apesar de você perecer, sua alma será exigida de minhas mãos. Eu lhe suplico: se escarnecer de mim, se rejeitar minha mensagem, se desprezar Cristo, se odiar Seu evangelho, se for condenado, inocente-me ao menos de seu sangue.

Vejo alguns diante de mim que muitas vezes não me dão ouvidos e, apesar de poder referir-me a eles, têm sido o motivo de minhas orações em particular; e, muitas vezes, também de minhas lágrimas, quando vejo que continuam em suas iniquidades. Bem, peço-lhes apenas isto e, como homens honestos, vocês não podem negá-lo a mim. Se pecarem, se se perderem, se não aceitarem a Cristo, ao menos, em meio aos trovões do grande dia, quando apresentar-me para o tribunal de Deus, absolvam-me de ter destruído sua alma.

O que mais posso dizer? Como o defenderei? Se eu tivesse a língua de um anjo e o coração do Salvador, então ousaria defendê-lo; entretanto, nada posso dizer além daquilo que muitas vezes tenho dito. Em nome de Deus, eu lhe imploro para que busque refúgio em Cristo. Se nada foi suficiente antes, que isso lhe seja suficiente neste momento. Venha, alma culpada, e corra para Aquele cujos braços abertos estão prontos para receber toda alma que achegar-se a Ele arrependida e com fé.

Em pouco tempo, este pregador estará em sua cama. Mais alguns dias de solene reunião, mais alguns sermões, mais algumas orações, imagino-me em meu quarto, com amigos ao redor a observar me.

Aquele que pregou para milhares precisa agora de consolo para si mesmo. Aquele que encorajou muitos na hora da morte está atravessando o rio nesse momento. Será que verei um de vocês no meu leito de morte a me amaldiçoar como se eu tivesse sido infiel? Será que os olhos deste homem ficarão arregalados de medo ao contemplar os homens que fiz sorrir, e aos quais comovi, pelo fato de o coração deles nunca ter procurado esconder a verdade? Será que ficarei ali, e essas fortes congregações passarão terrivelmente diante de meus olhos, e à medida que desaparecerem, uma a uma, me amaldiçoarão como tendo sido infiel? Que Deus não permita!

Espero que vocês me façam este favor: que permitam, quando eu estiver no leito de morte, que eu esteja limpo do sangue de todos os homens, e testemunhem que não deixei de anunciar todo o conselho de Deus.

Vejo-me em pé no último e grande dia como um prisioneiro no tribunal. O que aconteceria se estas palavras fossem ditas contra mim: "Você levou muitos a ouvi-lo; milhares se reuniram para ouvir as palavras que saíam de seus lábios; entretanto, você corrompeu, enganou e, propositadamente, ensinou o que era incorreto a este povo"? Trovões como os que jamais foram ouvidos cairão sobre esta pobre cabeça, e relâmpagos mais terríveis que os que já feriram Satanás destruirão este coração, se fui infiel com vocês. Minha posição — se tivesse apenas pregado uma vez a Palavra para essas multidões, para não dizer milhares e milhares de vezes, e se tivesse sido infiel — seria a mais terrível em todo o universo. Que Deus afaste o mais terrível dos males — a infidelidade — de minha cabeça.

Ora, como aqui estou, faço deste meu último apelo: "Em nome de Cristo, pois, rogamos que vos reconcilieis com Deus." (2 Coríntios 5:20). Do contrário, peço-lhes este único favor — e imagino que não o negarão a mim: assumam a responsabilidade de sua própria ruína, pois sou limpo do sangue de todos os homens, uma vez que não deixei de anunciar-lhes todo o desígnio de Deus.

Tudo isso para chamá-los como testemunhas. Ora, tenho aqui um pedido a fazer para todos os que se encontram neste lugar. Se em alguma coisa vocês tiveram proveito, se em alguma coisa receberam consolo, se encontraram Cristo de alguma forma durante a pregação do Evangelho aqui, peço-lhes, ainda que não ouçam minhas palavras novamente, que, em seu coração, apresentem-me diante do trono de Deus em oração. É por meio das orações de nosso povo que vivemos. Os ministros de Deus precisam mais das orações de seu povo do que vocês podem imaginar.

Eu amo meu povo por sua disposição de orar por mim. Jamais algum ministro recebeu tanta oração como eu. Entretanto, aqueles de vocês que serão obrigados a separar-se de nós por questão de distância, ou por algum outro motivo, ainda me levarão em seus pensamentos diante da presença de Deus e deixarão que meu nome seja gravado em seu peito toda vez que se apresentarem diante de Seu trono.

O que peço é algo simples. Basta vocês dizerem: "Senhor, ajuda Teu servo a ganhar almas para Cristo". Peçam que ele seja mais útil do que tem sido; que, se estiver enganado em alguma coisa, ele possa se consertar. Se ele não consolou vocês, peçam que possa fazê-lo no futuro; mas, se foi honesto com vocês, então orem para que o Mestre o tenha sob Seus santos cuidados. E embora eu lhes peça que apresentem esse meu pedido, ele se estende a todos aqueles que pregam a verdade em Jesus.

Irmãos, orem por nós. Pelejamos por vocês como aqueles que devem prestar contas. Não é algo sem importância ser um ministro se temos o desejo de ser fiéis ao nosso chamado.

Como respondeu Baxter[44] certa vez a alguém que lhe disse que o ministério era uma obra fácil: "Prezado senhor, se é assim que pensa, gostaria que estivesse em meu lugar e experimentasse por você mesmo".

Se agonizar com Deus em oração, se lutar pela alma dos homens, se ser maltratado sem revidar, se sofrer todos os tipos de repreensão e calúnia, além de outras coisas, são desafios necessários, aceite-os, meu caro, pois me alegrarei em livrar-me deles. Peço que roguem por todos os ministros de Cristo, para que sejam ajudados e sustentados, mantidos e encorajados, de modo que sua força possa corresponder às exigências de seu dia.

E, então, tendo apresentado este pedido em meu favor — portanto, algo egoísta de minha parte —, tenho uma súplica a fazer pelos outros. Não posso fechar os olhos para o fato de que ainda existem muitos de vocês que há muito ouviram a Palavra neste lugar, mas ainda não entregaram o coração para Cristo. Alegro-me em vê-los aqui, ainda que seja pela última vez. Se vocês nunca adentrarem nos átrios sagrados da casa de Deus novamente, se nunca ouvirem Sua Palavra, se nunca aceitarem o sincero convite ou a justa exortação, tenho uma súplica a fazer-lhes.

Observem: não se trata de um pedido, mas de uma súplica; e uma súplica que, se eu estivesse implorando por minha vida, não poderia ser mais honesto e extremamente sério a respeito. Pobre pecador, pare por um instante e pense. Se você ouviu o Evangelho e não tirou proveito disso, o que pensará sobre todas

---

[44] Richard Baxter (1615–1691) é considerado o maior representante da tradição puritana. Ordenado em 1638, iniciou seu ministério em Kidderminster, na Inglaterra, em 1641 e enfrentou críticas de muitos calvinistas por causa de sua soteriologia, que interliga o calvinismo e o arminianismo. Baxter foi um prolífico escritor, tendo produzido em torno de 168 tratados.

as oportunidades perdidas quando estiver no leito de morte? Quando lançado no inferno, o que você pensará quando este pensamento aparecer tinindo em seus ouvidos: "Você ouviu o evangelho, mas o rejeitou"; quando os demônios do inferno rirem no seu rosto e disserem: "Nunca rejeitamos Cristo, nunca desprezamos a Palavra" e o lançarem em um inferno mais profundo do qual nem eles jamais experimentaram? Eu lhe suplico: pare e pense nisso.

Será que os prazeres deste mundo valem a sua vida? Este mundo não é um lugar triste e sombrio? Homem, dê um novo rumo à sua vida. Digo-lhe que não há alegria para você aqui, e que nada haverá no futuro enquanto você permanecer onde está. Que Deus o ensine que o prejuízo está em seus pecados. Você não se arrependeu de seus pecados. Uma vez não perdoados os seus pecados, você não poderá ser feliz aqui, nem no mundo que está por vir.

Minha súplica é a seguinte: vá para seu quarto; se reconhecer que é culpado, confesse todas as suas culpas na presença de Deus; peça a Ele que tenha misericórdia de sua vida, por amor de Jesus. Ele não lhe negará isso. Homem, Ele não lhe negará isso; Ele responderá à sua oração; apagará todos os seus pecados; o aceitará; o tornará Seu filho. E, uma vez feliz aqui, você será abençoado no mundo que está por vir.

Cristãos, homens e mulheres, eu lhes suplico que implorem ao Espírito de Deus para levar muitos que estão entre a multidão à total confissão, à sincera oração e à humilde fé; e se eles nunca se arrependeram antes, que se voltem neste momento para Cristo.

Pecador, sua vida é curta, e a morte não tarda. Muitos são os seus pecados, e ainda que o juízo tenha pés de chumbo, suas mãos são firmes e fortes. Volte-se para Cristo, eu lhe imploro. Que o Espírito Santo o faça voltar-se. Olhe! Jesus está à sua frente neste momento. Por Suas cinco feridas , eu lhe imploro, volte-se para

Ele. Volva os olhos para Ele e receba vida. Creia nele e você será salvo, pois todo aquele que crer no Filho do Homem tem a vida eterna e jamais perecerá, nem recairá sobre ele a ira de Deus.

Que o Espírito de Deus ministre neste momento Sua permanente bênção — e até a vida eterna —, por amor de Jesus. Amém.

NO INÍCIO DESTE CULTO, SPURGEON DISSE:

"O culto desta manhã terá, em sua maior parte, o caráter de um sermão de despedida e de uma reunião de despedida. Por mais triste que seja para mim separar-me de muitos de vocês, cujo rosto há muito vejo entre a multidão de meus ouvintes, contudo, por amor a Cristo, por amor à coerência e à verdade, somos forçados a abandonar este lugar e, na manhã do próximo domingo, esperamos adorar a Deus no *Exeter Hall*.

Em duas ocasiões anteriores, como nossos amigos estão cientes, propôs-se que este lugar fosse aberto à tarde para celebrar diversões mundanas, e, no entanto, pude evitá-lo com a simples declaração aos donos do local de que, se assim fizessem, nós abandonaríamos o lugar. Essa declaração não foi suficiente neste momento; e vocês podem, por essa razão, compreender que eu seria um covarde para com a verdade, que seria incoerente com minhas próprias declarações, que, na realidade, meu nome deveria deixar de ser Spurgeon, se eu me submetesse às exigências deles. Não posso nem abrirei mão de algo em que sei que estou certo; e, na defesa do dia santo de Deus, o clamor deste dia é: 'Levantai-vos, vamo-nos daqui!' (João 14:31)".

A VIDA E O LEGADO DE SPURGEON

Charles Haddon SPURGEON
O príncipe dos pregadores

Sem sombra de dúvidas, Charles H. Spurgeon, conhecido como "príncipe dos pregadores", foi um dos maiores evangelistas do século 19. Após mais de 100 anos de sua morte, seu exemplo de fé e prática do evangelho ainda continua inspirando milhares de cristãos ao redor do mundo. Seu entendimento e amor pelas Escrituras, manifesto por meio de suas obras e de sua vida, tem sido referência no contexto dos cursos teológicos de nossa época.

Primogênito entre 16 irmãos, Spurgeon nasceu em 19 de junho de 1834, em Kelvedon, Inglaterra. Devido a dificuldades financeiras de seus pais, passou parte de sua infância com seus avós paternos que o iniciaram na fé cristã. Posteriormente, voltou a morar com os pais em Colchester. Era precocemente notável, leu muitos livros, entre eles *O Peregrino* (Publicações Pão Diário, 2018), de John Bunyan, obra que marcou profundamente sua vida. Ainda na infância ouviu uma palavra que foi confirmada, posteriormente, durante seus anos de ministério: "Este menino pregará o evangelho a grandes multidões".

Spurgeon buscava um relacionamento genuíno com Cristo. Por isso, dos 14 aos 16 anos, passou por uma crise a respeito de sua salvação. A convicção de pecado perturbava sua alma. Por seis meses ele visitou igrejas, orou e lutou contra a condenação que sentia. Certo dia, devido a uma nevasca, deteve-se em uma congregação, onde ouviu um simples sapateiro levantar-se e ler: "Que todo o mundo se volte para mim para ser salvo!" (ISAÍAS 45.22). O pregador repetia a passagem e dizia: "Olhem para Cristo, e não para vocês mesmos. Olhem para o Senhor, pendurado na cruz, olhem para Ele, morto e sepultado". Em seguida, fixando os olhos em Spurgeon, disse: "Moço, olhe para Jesus! Olhe agora"! Spurgeon olhou para Jesus com fé e arrependimento e foi salvo. Por toda a sua vida jamais deixou manter o seu olhar no seu Senhor e Salvador. Após sua conversão, foi batizado e começou a distribuir panfletos e a ensinar crianças na Escola Dominical em Newmarket.

Aos 16 anos, pregou seu primeiro sermão em Teversham, e, aos 18, recebeu a incumbência de pastorear uma pequena congregação na cidade de Waterbeach. Aos 20 anos já havia pregado mais de 600 mensagens e fora convidado a pastorear a igreja de New Park Street, na região metropolitana de Londres. Convicto de que era a vontade de Deus para sua vida, aceitou o desafio e passou a liderar um suntuoso templo de 1.200 lugares que contava com pouco mais de 100 pessoas frequentando os cultos. Entretanto, a popularidade de Spurgeon imediatamente tornou necessária a ampliação do prédio para acomodar os fiéis que ali se reuniam. Mesmo após uma reforma, poucos meses depois, o espaço tornou-se insuficiente, pois multidões ajuntavam-se para ouvi-lo, a ponto de muitos não conseguirem entrar no templo. Assim, ousadamente, Spurgeon decidiu mudar a igreja para um lugar com acomodação para 12 mil pessoas. No culto de inauguração do grande Tabernáculo Metropolitano, em 18 de março de 1861, houve participação de 10 mil pessoas.

Spurgeon causou muita agitação em Londres. Sua pregação brotou como um manancial no deserto espiritual em que viviam a Inglaterra e outros lugares da Europa naquela época. Muitos foram os que beberam dessa fonte aberta por meio da Palavra da verdade e isso causou desconforto a outros religiosos. Alguns o criticavam pelo seu estilo de pregação, enquanto outros o elogiavam. Alguns chegaram a publicar em jornais que duvidavam da conversão de Spurgeon. Porém, mesmo com toda a oposição, o fluxo de pessoas para ouvi-lo era tanto que, em certos periódicos chegou-se a citar que "desde os tempos de George Whitefield e John Wesley, Londres não era tão agitada por um avivalista".

Em pouco tempo Spurgeon se tornou uma figura célebre ao redor do mundo e foi reconhecido como uma das mentes mais brilhantes de sua época. Era convidado para ensinar em vários países, pregando uma média de 8 a 12 mensagens por semana. O maior auditório no qual pregou, foi no Crystal Palace, Londres, em 7 de outubro de 1857. Aproximadamente 23.650 pessoas se reuniram naquela noite para ouvi-lo. Certa vez, por causa das grandes multidões que afluíam para vê-lo pregar, teve que rogar àqueles que tivessem ouvido a Palavra nos últimos três meses, que não comparecessem mais, a fim de dar oportunidade a irmãos que ainda não o tivessem ouvido.

Uma das características que chama atenção na vida de Spurgeon é sua disponibilidade em servir ao Senhor de todo o coração, mesmo em meio à adversidade, uma vez que a dor e o sofrimento foram companheiros inseparáveis de sua vida e ministério. Ele foi um pregador excepcional e em todas as coisas provou ser um homem guiado pelo Espírito Santo. Tinha a capacidade de expor as Escrituras de maneira simples, clara e compreensível. Estudava a Palavra e, em seguida, a comunicava com fluência e eficácia. A oração também foi uma prática contínua ao longo de sua vida. Spurgeon disse, certa vez, à sua congregação: "Que Deus me ajude se deixarem de orar por mim! Que me avisem, pois naquele dia terei de parar de pregar. Deixem-me saber quando se propuserem a cessar suas orações a meu favor, pois então exclamarei: 'Deus, dá-me o túmulo neste dia, e durma eu no pó.'"

Outro aspecto, em seu ministério, era sua força espiritual, o que nos momentos difíceis lhe permitiu seguir em frente e cumprir a obra que Deus lhe confiara. Uma das maiores dificuldades foi a perseguição que sofreu por causa de sua pregação, fidelidade, força, clareza e rigidez quanto à doutrina bíblica, o que resultou em sua pouca aceitação na esfera religiosa de 1856. Contudo, Spurgeon não estava preocupado com seus adversários, sua maior preocupação estava em instruir a igreja com doutrina bíblica forte e eficaz.

Ainda jovem, desenvolveu gota e reumatismo, e quanto mais a idade avançava, mais essas enfermidades o debilitavam. A delicada condição de saúde de sua esposa também era outro fator agravante. Por diversas vezes, Spurgeon teve que se ausentar de seu púlpito por recomendação médica. Nos anos de 1880, foi diagnosticado com bright, uma doença degenerativa e crônica, sem cura. Ao final de seu ministério Spurgeon enfrentou muita oposição, o que desgastou ainda mais sua debilitada saúde. Em 1891, sua condição agravou-se, forçando-o a convidar um pastor dos Estados Unidos para assumir temporariamente a função principal de sua igreja. E em 1892, os sermões de Spurgeon já eram traduzidos para cerca de nove línguas diferentes.

Aos 50 anos de idade, Spurgeon havia sido responsável pela fundação e supervisão de cerca de 66 instituições, incluindo igrejas, escolas, seminários, orfanatos, escolas de pastores, revistas mensais e editoras. Pastoreava uma igreja de milhares de pessoas, respondia uma média de 500 cartas semanalmente, lia seis livros teológicos por semana, e isso, dizia ele, representava apenas metade de suas tarefas. Dentre seus dons estava a capacidade de escrever. Comunicava sua mensagem escrita tão bem quanto a pregava. Publicou 3.561 sermões e 135 livros. Spurgeon ainda deixou a aclamada série de comentários sobre os Salmos, O tesouro de Davi (Publicações Pão Diário, 2018), uma obra que levou mais de 20 anos para ser concluída. Até o último dia de pastorado, havia batizado em torno de 14.692 pessoas e preparado centenas de jovens para o ministério. Foi casado com Susanah Thompson, seu amor e inspiração, e teve dois filhos, os gêmeos, não-idênticos, Thomas e Charles.

Em 7 de junho de 1891 ensinou pela última vez. Suas últimas palavras foram dirigidas à sua esposa: "Ó, querida, tenho desfrutado de um tempo muito glorioso com meu Senhor!" Ela, então, exclamou: "Ó, bendito Senhor Jesus, eu te agradeço pelo tesouro que me emprestaste no decurso desses anos". Spurgeon "adormeceu" em Menton, França, em 31 de janeiro de 1892, aos 57 anos. Seu corpo foi trasladado para a Inglaterra. Durante seu funeral, em 11 de fevereiro de 1892, muitos cortejos e cultos foram organizados em Londres. Seis mil pessoas assistiram ao culto memorial. Em seu caixão, uma Bíblia estava aberta no texto de sua conversão: "Que todo o mundo se volte para mim para ser salvo!" (Isaías 45.22). Em seu simples túmulo, estão gravadas as palavras: "Aqui jaz o corpo de CHARLES HADDON SPURGEON, esperando o aparecimento do seu Senhor e Salvador JESUS CRISTO."